Jo-Jo

Sprachbuch 4

zum Hineinschreiben

Teil B

Erarbeitet von
Frido Brunold, Susanne Mansour,
Sandra Meeh, Henriette Naumann-Harms,
Monika Praast

Fachliche Beratung zur Silbenstrategie,
zum Verlängern, zum Ableiten und zu Merkwörtern
Günter J. Renk

Cornelsen

Inhalt

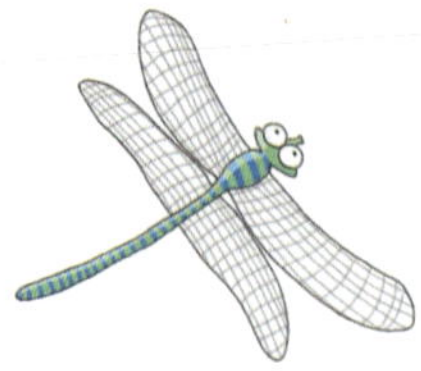

Themenkapitel

Tieren auf der Spur	4
Frühlingsduft	14
Freizeit	24
Medien	34
Sommerhitze	44
Ich liebe Bücher	54

Richtig schreiben

M Strategien anwenden 2	62
M Wortfamilien	64
M Kleine Merkwörter	66
M Merkwörter mit ß	68
M Strategien anwenden 3	70

Sprache untersuchen

Vergleichsstufen	72
Wörtliche Rede und Redebegleitsätze	74
Werbewörter und Werbesprüche	76
Wörter mit -heit, -keit, -ung, -nis	78
Wörter und Redewendungen	80

Texte verfassen

Bitten formulieren	82
Einen Vorgang beschreiben	84
Diagramme	86
Von Ereignissen berichten	88
Text überarbeiten 2	90
Zusammenfassungen	92

Knobelspaß mit Jojo	94

Wichtige Fachbegriffe	100
Lernzusammenhänge	102
Arbeitstechniken/Wörterliste	Beileger

Tieren auf der Spur

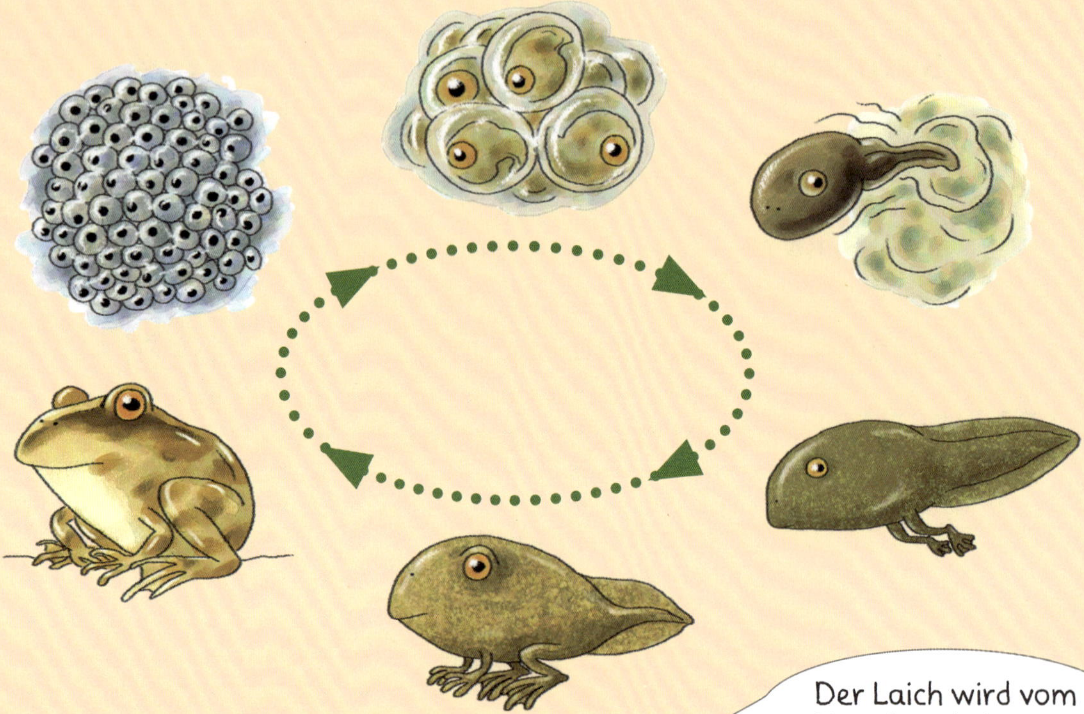

Der Laich wird vom Froschweibchen …

1. Beschreibt die Entwicklung eines Frosches.

2. Trage die passenden Nummern in die Kästchen der Stichworte ein.

◯ Kopf und Schwanz entwickeln sich	◯ Froschweibchen legt Eier (den „Laich“)	◯ Kaulquappe schlüpft
◯ Hinterbeine wachsen, der Schwanz schrumpft	◯ ausgewachsener Grasfrosch, kann das Wasser verlassen	◯ Vorderbeine wachsen, der Schwanz schrumpft weiter

3. Was weißt du über Frösche? Schreibe es auf.
Oder: Was würdest du gerne noch über Frösche erfahren? Schreibe Fragen auf.

____

____

____

____

4. Informiert euch in Sachbüchern oder im Internet. Gestaltet ein Plakat oder eine Präsentation, z. B. für die Dokumentenkamera.

funktionsangemessen sprechen: Sachverhalte beschreiben; Fachbegriffe benutzen; Informationen in Medien suchen

Bitten formulieren

(1) Wie sollen sich Menschen am Teich verhalten?
Schreibe die Sätze für ein Hinweisschild am Teich auf.

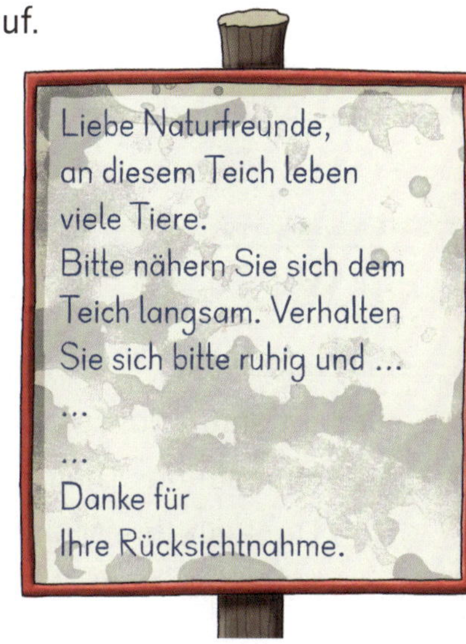

- sich dem Teich langsam nähern
- sich ruhig verhalten, keinen Lärm machen
- nicht sofort ans Ufer treten
- nicht schwimmen
- keinen Müll zurücklassen
- Hunde nicht frei laufen lassen

Liebe Naturfreunde,
an diesem Teich

2 Die Klasse 4a möchte Informationen zum Thema Teich einholen.
Sie schreibt an den Bund für Naturschutz.
Welche E-Mail würdest du abschicken? Kreuze sie an.
Schreibe auf, warum du diese E-Mail ausgewählt hast.

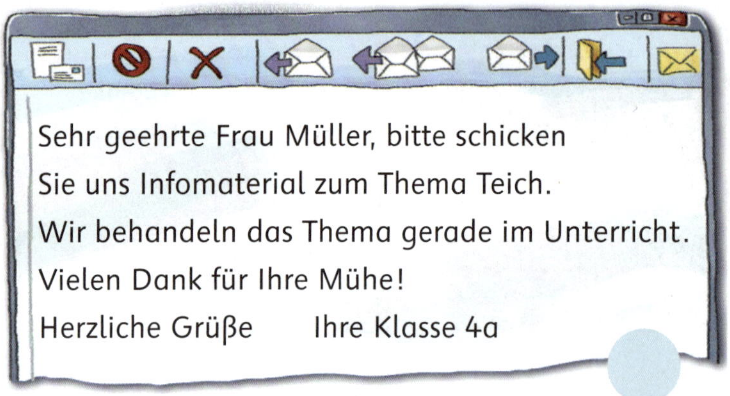

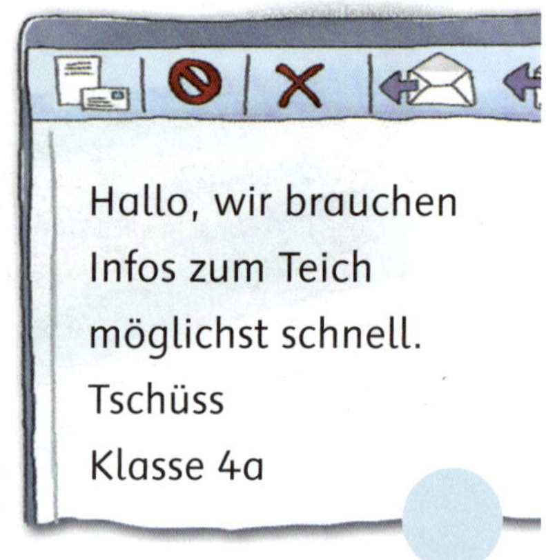

____

____

____

3 Deine Klasse behandelt das Thema Waldtiere und möchte den Förster Herrn Korkmaz in den Unterricht einladen. Schreibe eine E-Mail an den Förster.

____

____

____

____

____

____

____

____

4 Sammelt höfliche Formulierungen für mündliche und schriftliche Bitten.

Adjektive: Vergleichsstufen

(1) Lest die Beschreibungen der Froscharten.

Am häufigsten kommt bei uns der Grasfrosch vor.
Er wird bis zu 10 Zentimeter groß. Dieser Frosch
lebt in feuchten Wäldern, Wiesen, Mooren.

Der kleinste der drei Frösche ist der Laubfrosch.
Er lebt an Waldrändern, im Schilf oder im Gras.
Er kann besonders gut klettern.

Ein Wasserfrosch kann sehr dick werden.
Sein Lebensraum ist der Uferbereich von Seen,
Teichen und Tümpeln. Beim geringsten Geräusch
taucht er unter.

Mit **Adjektiven** kannst du etwas genauer beschreiben.
Du erkennst Adjektive auch daran, dass du mit ihnen etwas **vergleichen** kannst:

Grundform:	*Der Wasserfrosch ist **klein**.*
1. Vergleichsstufe:	*Der Grasfrosch ist **kleiner**.*
2. Vergleichsstufe:	*Der Laubfrosch ist **am kleinsten**.*

(2) Unterstreiche in den Texten die Adjektive.
Ordne die Adjektive in die Tabelle. Ergänze die fehlenden Formen.

Grundform	1. Vergleichsform	2. Vergleichsform
häufig		

Vokale und Konsonanten

1. Schreibe den Text ab. Ergänze die fehlenden Konsonanten. Markiere sie.

_ergnügt steigen die _inder aus dem _us und über_ueren vorsichti_ die St_aße. Ansch_ießend rennen _ie quer über die _iese. Dort en_decken sie ei_en Bach _it einer Quelle. Linus un_ Caroline zie_en Schuhe und So_ken aus.

Vergnügt

Lösung: ______________________

2. Kannst du die Fortsetzung der Geschichte enträtseln? Setze beim Abschreiben die fehlenden Vokale ein.

Die K_nd_r waten d_rch d_s kalte W_ss_r _nd spritzen sich n_ss.
Jens r_ft: „M_cht keinen Quatsch!" _r setzt s_ch _ns Gr_s _nd beobachtet einen Fr_sch, d_r auf einem Stein sitzt _nd s_ch s_nnt.

Die Kinder

a, e, i, o, u sind **Vokale**. Alle anderen Buchstaben im Alphabet nennt man **Konsonanten**.

die Fachbegriffe „Vokal" und „Konsonant" kennenlernen und festigen; Vokale und Konsonanten in Lückentexte einsetzen; Vokallänge in Wörtern abhören und unterscheiden

(3) Sprich die Wortpaare deutlich. Klingt der erste Vokal kurz oder lang?
Ordne die Wortpaare in die Tabelle ein.
Markiere so: kurzer Vokal . und langer Vokal _.

langer Vokal	kurzer Vokal
die Qual	die Qualle

(4) Entschlüssele den Code der Geheimschrift.
Schreibe die verschlüsselten Wörter auf.

G R 1 S F R 4 S C H ____________

W 1 S S 2 R F R 4 S C H ____________

1 = ____
2 = ____
3 = ____
4 = ____
5 = ____

(5) Verschlüssele selbst Botschaften und lasse sie von einem Partnerkind entschlüsseln.

Strategien anwenden 2 (M)

1 Lest gemeinsam den Text. Wer von euch hat schon einmal so eine Rettungsaktion beobachtet?

Anna und Leon nehmen an einer Rettungsaktion für Kröten teil. Um im Frühjahr zu den Laichgewässern zu gelangen, müssen die Kröten häufig Straßen überqueren. Das ist aber sehr gefährlich.

Damit nicht jedes Jahr Tausende von Kröten überfahren werden, stellen Naturschützer ab März Schutzzäune auf. Die Tiere kriechen am Zaun entlang und fallen schließlich in dort eingegrabene Eimer.
Morgens und spät am Abend werden die Eimer kontrolliert.
Die eingefangenen Tiere bringen die Helfer dann auf die andere Straßenseite.
Anna, Leon und ihre Familie arbeiten jedes Wochenende fleißig mit.
Ohne diese Hilfe würden viele Kröten die Wanderung nicht überleben.

2 Schreibe die blauen Merkwörter auf.
Male an, was du dir merken musst.

nehmen, ______________________________

____

____

3 Schreibe die roten Wörter aus dem Text heraus.
Setze vor jedes Wort das passende Zeichen, oder (M).

Wenn die Kröten den schwierigen Weg zum Tümpel hinter sich gebracht haben, legt jedes Weibchen mehr als tausend Eier in das Wasser.
Danach ziehen sich die erwachsenen Kröten wieder in den kühlen und feuchten Wald zurück.

(M) ______________________________

____

____

4 Schreibe die Wörter rechts in eine Tabelle.
Kreuze für alle Wörter die passenden Strategien an.
Manchmal musst du für ein Wort zwei Strategien anwenden.

	↪	⚡	(M)
fleißig	X		X

fleißig
Laichgewässer
Bergspitze
Schutzzäune
Frühlingslied
Erdbeere
Nussbäume
häufig
Gefahr
Tiger
beginnt
Gespräch
ängstlich
hängt

5 Macht eine Rechtschreibkonferenz und vergleicht eure Ergebnisse.

6 Suche dir drei Merkwörter aus und schreibe damit jeweils einen Satz.

Hier üben wir

① Übe den Text: oder oder oder .

Frösche

Frösche leben in unterschiedlichen Lebensräumen auf der ganzen Welt, nur nicht am Südpol und am Nordpol. Die meisten halten sich in Teichen und Tümpeln oder in der Nähe von Gewässern auf. Viele Frösche werden am Abend besonders aktiv. Deshalb hört man sie in der Dämmerung häufig laut quaken. Die in Deutschland bekanntesten Frösche sind der bräunlich gefärbte Grasfrosch, der leuchtend grüne Laubfrosch und der Wasserfrosch. Der Laubfrosch ist auch ein sehr guter Kletterer in Bäumen und Sträuchern. Frösche haben viele natürliche Feinde, zum Beispiel Störche und Uhus.

Ihr schlimmster Feind ist und bleibt der Mensch. Er baut Straßen und legt Wiesen und Moore trocken. Diese Veränderungen gefährden die Frösche.

der Nordpol
die Nähe
die Gewässer
die Dämmerung
der Laubfrosch
die Straße
das Moor
quaken
legen
gefährden
unterschiedlich
aktiv
häufig
bekannt
natürlich
schlimm
trocken

② (M) Finde im Übungstext mindestens fünf Merkwörter.

der Tümpel, viele, deshalb
Feinde, aktiv, sehr, Moor

③ Finde im Übungstext mindestens fünf Wörter, die du ableiten kannst.

Frosch – Frösche
Lebensraum – L-räume
Farbe – gefärbt
Baum – Bäume
Strauch – Sträucher
Gefahr – gefährlich

S. 1–4 Beileger Arbeitstechniken

④ Schreibe zu diesen Wörtern eine Verlängerung auf.
Markiere die Stelle, die du verlängert hast.

unterschiedlichen · Südpol · Abend · häufig · leuchtend · bleibt · legt

unterschiedlichen – Unterschiede,

⑤ Finde im Übungstext mindestens vier Adjektive.
Schreibe sie in der Grundform und den beiden Vergleichsstufen auf.

bekannt → – er → am ...
schlimm →
häufig →
laut →
aktiv →

⑥ Welche Sätze passen zum Text? Schreibe die richtigen Sätze auf.

Frösche leben	im Aquarium. / auf der ganzen Welt.
Viele Frösche	werden am Abend aktiv. / schlafen nachts.
Der Laubfrosch	quakt besonders laut. / ist ein guter Kletterer.
Frösche haben	viele natürliche Feinde. / viele gute Freunde.

L Was hast du in diesem Kapitel gelernt? Du kannst zum Beispiel zu Verbotsschildern in deiner Umgebung höfliche Bitten formulieren.

Übungswörter einzeln und im Textzusammenhang üben; Wörter den Rechtschreibstrategien zuordnen; Adjektive: Vergleichsstufen; Impuls Lerntagebucharbeit

Frühlingsduft

(1) Seht euch die verschiedenen Fahrradmodelle an.
Für welchen Zweck wurden sie erfunden?

(2) Diese Fachbegriffe beschreiben Teile des Fahrrads.
Wähle drei Teile aus und beschreibe ihre Funktion.
Oder: Beschreibe, wofür du dein Fahrrad nutzt.

Mit einem Tandem kann man …

Kette | Pedale | Lenkstange | Speichen
Reifen | Bremsen | Licht | Reflektoren

___

___

___

___

(3) Im Jahr 2017 wurde das Fahrrad 200 Jahre alt.
Das Rad, wie es heute aussieht, gibt es seit etwa 140 Jahren.
Informiere dich und berichte in der Klasse über die Geschichte des Fahrrads.

Fahrräder und die Funktion von Fahrradteilen beschreiben; funktionsangemessen sprechen; informieren, Fachbegriffe benutzen

Einen Vorgang beschreiben

(1) Suche dir ein Partnerkind. Seht euch die Zeichnung an.
Beschreibt mit euren Worten, wie die **Handbremse** funktioniert.

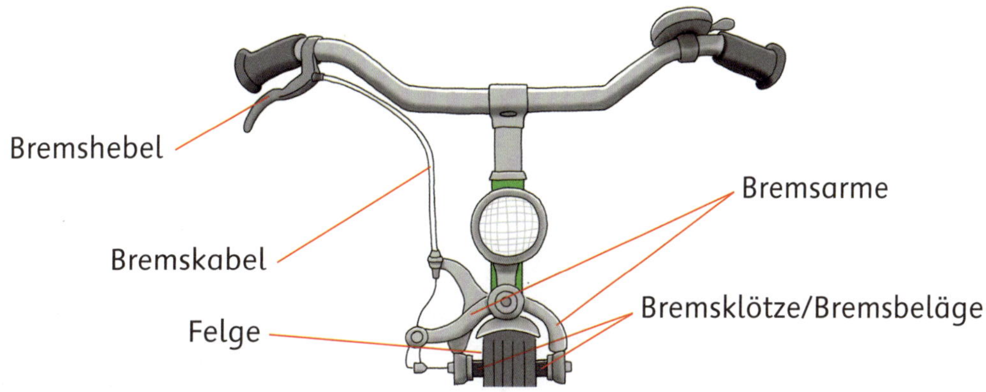

(2) Schreibe den Text ab. Ergänze dabei die passenden Lückenwörter aus der Abbildung.

Wenn der ___ betätigt wird, zieht das ___ die ___ zusammen. Dadurch werden die ___ gegen die ___ gedrückt und das Fahrrad wird abgebremst.
Mit der Zeit schleifen sich die ___ auf den Bremsklötzen ab.
Sie müssen deshalb regelmäßig kontrolliert werden.

Wenn der Bremshebel

(3) Du willst einen Vorgang beschreiben. Was musst du beachten?
Kreuze die richtigen Aussagen an.

☐ Ich schreibe kurz und sachlich.
☐ Ich achte auf die richtige Reihenfolge.
☐ Ich verwende wörtliche Rede.
☐ Ich beschreibe die Schritte eines Vorgangs genau.
☐ Ich schreibe spannend.
☐ Ich verwende Fachbegriffe.
☐ Ich schreibe witzig.

4) Wie funktioniert der Dynamo? Betrachte die Abbildung.
Nummeriere die Textteile. Schreibe den Text in der richtigen Reihenfolge auf.

☐ Beim Treten der Pedale dreht sich der Reifen.

☐ Mit dem Reifen dreht sich die Rolle des Dynamos.

☐ Die Glühlampe im Scheinwerfer beginnt zu leuchten.

☐ Über ein Kabel wird der Strom zum Scheinwerfer geleitet.

☐ Durch die Drehung der Rolle wird Strom erzeugt.

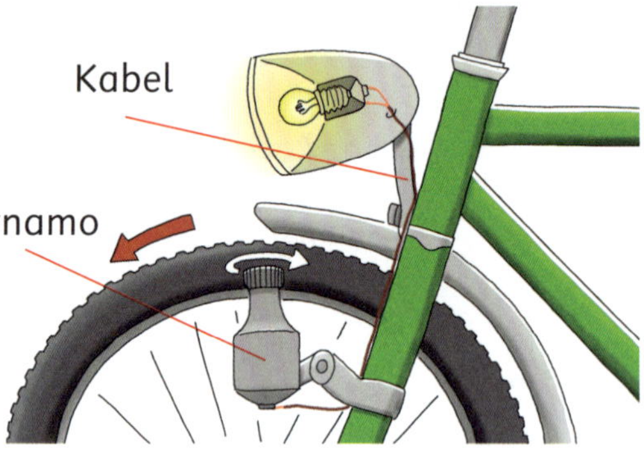

Beim Treten ______________________________

____

____

____

____

5) Wähle ein Gerät aus deinem Alltag. Beschreibe, wie es funktioniert.
Achte dabei auf die Hinweise von Aufgabe 3.

____

____

____

____

____

____

____

____

Wortfelder

(1) Lest das Gespräch mit verteilten Rollen.

Toni bittet ______: „Komm, lass uns heimfahren, mir ist kalt."

Aylin ______: „Mensch Toni, das bildest du dir nur ein.
Die Sonne scheint doch!"

Toni ______: „Kann schon sein, aber der Wind bläst so stark."

Aylin ______: „Mir macht der Wind nichts aus."

Toni ______: „Mir aber!"

Aylin ______: „War doch nicht so gemeint.
Hast du keine Jacke dabei?"

Toni ______: „Nein, leider nicht."

Aylin ______: „Halt mal an.
Du kannst gerne meine Jacke haben."

(2) Überlegt, welche Verben aus dem Wortfeld **sprechen** am besten in die Lücken passen. Tragt sie oben ein.

antworten ~~bitten~~ erwidern sagen behaupten
entgegnen erklären jammern meinen rufen

(3) Ordne die Wörter passend zu.

~~hasten~~ • stolpern • ~~futtern~~ • laufen • stapfen • genießen • löffeln
schlingen • frühstücken • naschen • trödeln • knabbern • schlendern
schleichen • schreiten • speisen • mampfen • rennen • marschieren

Wortfeld essen: futtern, ______

______

______

Wortfeld gehen: hasten, ______

______

______

Wörtliche Rede und Begleitsätze

(1) Lest den Gesprächsanfang.
Wo stehen die Redebegleitsätze?

„Simon, hast du einen Wunsch zu Ostern?", fragt Mutter.

„Oh ja", ruft Simon, „ein neues Fahrrad wäre super!"

Mutter meint: „Findest du das nicht ein bisschen teuer?"

Redebegleitsätze stehen vor, in oder nach der wörtlichen Rede:
Simon ruft: *„Oh ja, ich wünsche mir ein neues Fahrrad."*
„Oh ja", ***ruft Simon***, *„ich wünsche mir ein neues Fahrrad."*
„Oh ja, ich wünsche mir ein neues Fahrrad", ***ruft Simon***.

(2) Schreibe den Gesprächsanfang ab.
Unterstreiche die Redebegleitsätze. Achte auf die Redezeichen und markiere sie.

(3) Schreibe jeden Satz aus Aufgabe 1 zweimal auf.
Stelle dabei den Redebegleitsatz an verschiedene Stellen.
Unterstreiche den Redebegleitsatz und markiere die Redezeichen.

„Simon", fragt Mutter,

verschiedene Stellungen des Redebegleitsatzes kennenlernen und im Textzusammenhang anwenden; Anführungszeichen richtig setzen

4. Schreibe ab, wie das Gespräch weitergeht.
Ergänze die Redezeichen. Unterstreiche die Redebegleitsätze.

Was kostet denn ein neues Fahrrad? , will Simon wissen.

Mehr als wir uns für Ostern vorgestellt haben , erwidert Mutter.

Ein Glück , freut sich Simon, dass ich bald Geburtstag habe.

Da lacht seine Mutter und antwortet: Als Geburtstagsgeschenk lässt sich das sicher machen und bestimmt weißt du auch schon genau, welches dir am besten gefällt.

Wenn du Zeit hast , meint Simon eifrig, zeige ich dir gleich mal, welche Modelle ich toll finde.

Da bin ich aber gespannt , sagt seine Mutter vergnügt.

5. Überlege dir ein Thema. Erfinde ein ähnliches Gespräch.
Schreibe es mit Redebegleitsätzen auf.

Wortfamilien (M)

(1) Lies den Text. Unterstreiche die Wörter der Wortfamilien **fahr** und **früh** in zwei verschiedenen Farben.

Im Frühling findet in unserem Ort ein Fahrradmarkt statt.
Dort gibt es viele Fahrräder zu kaufen.
„Wir müssen früh dort sein, denn Frühaufsteher
haben die besten Chancen", sagt Papa.
Also gehen wir schon vor dem Frühstück los.
Der Markt ist noch ganz leer. Ich freue mich, als wir
beim Stand neben dem Geländer ein schönes Fahrrad
für mich finden. Vorsichtig darf ich eine kleine Runde
fahren. Es klappt schon ganz gut.
Der Lärm in der Halle ist enorm. Als Nächstes schauen
wir uns einen Fahrradanhänger an, in dem mein kleiner Bruder
sitzen soll. Vorher kaufen wir für mich noch einen
bunten Fahrradhelm und ein Fahrradschloss.
Auf dem Nachhauseweg holen wir frische Frühstücksbrötchen
beim Bäcker. Zu Hause ist der Frühstückstisch schon gedeckt.
„Wir haben früher mit euch gerechnet", sagt Mama.
„Dein Bruder hat schon richtig großen Hunger.
Geh dir schnell die Hände waschen."

(2) Ordne die unterstrichenen Wörter nach den Wortfamilien.

früh	fahr
Frühling	Fahrradmarkt

S. 64 Richtig schreiben

Wörter einzelner Wortfamilien finden und ordnen;
Wortfamilien selbstständig zusammenstellen;
eigene Sätze schreiben

③ Ordne die Wörter nach den vier Wortfamilien. Unterstreiche den Wortstamm.

~~Kaffeetasse~~ • Motorenlärm • Leerlauf • Pulverkaffee • Süßstoff ausleeren • Lärmschutz • Kaffeebohne • zuckersüß • kaffeebraun lärmen • Süßkartoffel • leeren • lärmend • Leertaste • süßen

kaffee Kaffeetasse, ______________________

lärm ______________________

leer ______________________

süß ______________________

④ Suche zu jeder Wortfamilie mindestens drei Wörter.

Schnee ______________________

Beere ______________________

wohnen ______________________

wählen ______________________

⑤ Wähle aus jeder Wortfamilie von Aufgabe 4 mindestens ein Wort aus. Schreibe mit den Wörtern Sätze.

____

____

____

____

____

____

____

____

Hier üben wir

1 Übe den Text: oder oder oder .

Radtour im Frühling

Am Wochenende startet Toni mit ihrer Familie zu der lange geplanten Radtour an den Waldsee. In den Tagen vorher hat sie kontrolliert, ob ihr Rad verkehrssicher ist, und es außerdem blitzblank geputzt. Am frühen Morgen fahren sie los. „Puh, ist das windig!", ruft Toni. Alle müssen kräftig in die Pedale treten, um vorwärtszukommen. Am Seeufer angekommen, legen ihre Eltern eine große Decke ins Gras und packen Saft, Tee, Brote und Obst für ein Picknick aus.

Toni holt ihre selbst gebackenen Muffins aus dem Fahrradkorb. „Hm", meint ihr Vater begeistert, „darauf freue ich mich schon den ganzen Vormittag."

die Radtour
der See
das Obst
das Picknick
die Muffins
kontrollieren
putzen
packen
verkehrssicher
windig
kräftig
vorwärts
darauf
vorher
ob
außerdem

2 (M) Bilde mit diesen Wörtern eine Wortfamilie und schreibe sie auf.

Lärm Salat Vater Ampel
Saft Schild Stein artig Stadt
Kuchen Buchstaben Straßen

Obst Obstsalat, ______

groß ______

Verkehr ______

______

3 Suche im Text vier Verben, vier Adjektive, vier Nomen und vier Wörter, die du schwierig findest.

Verben ______

Adjektive ______

Nomen ______

schwierige Wörter ______

S. 1–4 Beileger Arbeitstechniken

4 Immer vier Wörter haben den gleichen Anfangsbuchstaben.
Ergänze die fehlenden Buchstaben.
Welche Nomen findest du nicht im Übungstext? Streiche sie durch.

_amilie	_ause	_uffin	_ee
_ahrrad	_apagei	_utter	_our
_rühstück	_icknick	_orgen	_ag
_utter	_edale	_ittag	_eller

5 Schreibe die nicht durchgestrichenen Wörter von Aufgabe 4 nach dem ABC geordnet auf.

6 Schreibe mit den Verben passende Redebegleitsätze.
Setze die Satzzeichen.

fragen finden antworten entgegnen

Toni _ _ Wer möchte einen selbst gebackenen Muffin? _

_ Bitte einen mit Schokolade _ _ ihre Mutter.

_ Diese Radtour ist aber ziemlich anstrengend _ _ Tonis Bruder.

_ Dafür gibt es aber auch ein leckeres Picknick _ _ Tonis Vater.

L Was hast du in diesem Kapitel gelernt? Du kannst zum Beispiel möglichst viele Wörter zu einer Wortfamilie sammeln.

Freizeit

FERIENCAMP

Zelten am Waldsee vom 29.7.–5.8.

Spaß für Kinder von 6–16 Jahren
Es erwarten dich ein schöner Badestrand,
tolle Sportanlagen, ein Abenteuerspielplatz,
Schnitzeljagd, Abende am Lagerfeuer, Disco ...
Mehr Informationen unter www.

Spaß – Spannung – Abenteuer im Hochseilgarten Neustadt

10 verschiedene Parcours
für Groß und Klein
Täglich von 10 bis 19 Uhr

Großes Ritterfest
Burg Steilenfels
12./13. Juni, 11.00–20.00 Uhr

Historischer Markt
Bogenschießen
Messerwerfen
Ritterkämpfe
Feuershow
Spielleute

Schnuppertag in der Musikschule

8. Juni

11.00 Uhr:
Konzert des Kinderorchesters

12.00 bis 16.00 Uhr:
Instrumentenkarussell

PAULINE

Familienrestaurant
mit Indoor-Spielplatz

Sonntag 9–13 Uhr:
Familien-Brunch

Nachts im Museum

Am 9. August ist das
MUSEUM AM STADTTOR
bis 1.00 Uhr nachts geöffnet.

Tickets:
Erwachsene
8,00 €
Kinder
3,50 €

(1) Wo würdest du gerne hingehen? Sprecht über die Plakate.

(2) Womit verbringst du deine Zeit außerhalb der Schule?
Hast du einen Lieblingsnachmittag? Begründe.
Oder: Schreibe 5 Tipps gegen Langeweile auf.

Ich mag den Dienstag, da ist der Nachmittag nicht verplant.

eigene Meinung zu unterschiedlichen Freizeitangeboten formulieren;
über die Wirkung sprachlicher und gestalterischer Merkmale sprechen;
sich über die eigene Freizeitgestaltung austauschen

Diagramme

(1) Forscher haben Kinder im Alter von 6 bis 13 Jahren gefragt, was sie in ihrer Freizeit am liebsten machen. Von 100 Mädchen und 100 Jungen wurden diese Dinge am häufigsten genannt. Betrachtet das Diagramm.

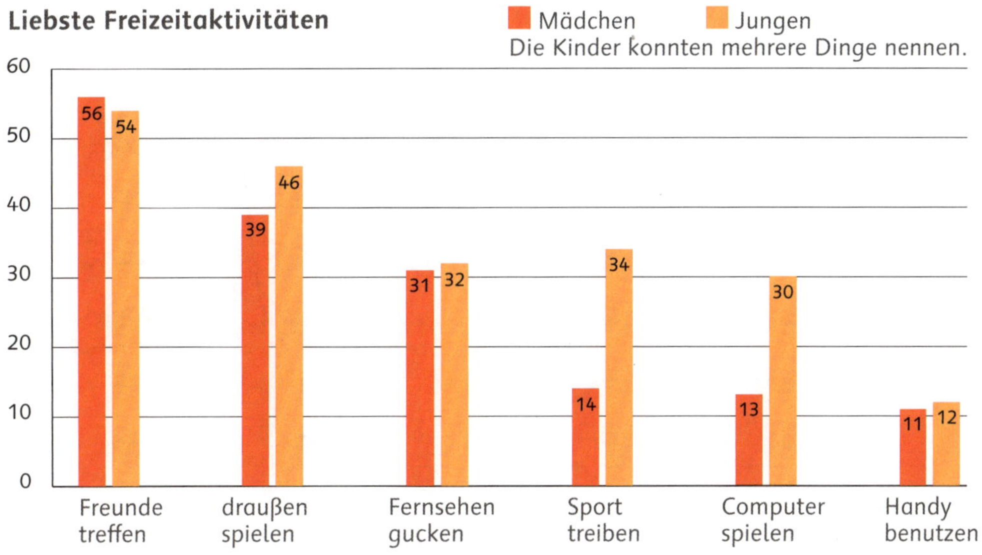

(2) Überprüfe diese Aussagen mithilfe des Diagramms. Unterstreiche nur die richtigen Aussagen.

Mehr als die Hälfte aller Kinder treffen am liebsten Freunde.

Mehr Mädchen als Jungen spielen am liebsten draußen.

Sport zu treiben ist für Jungen wichtiger, als Fernsehen zu gucken.

Am Computer spielen die Kinder lieber als mit dem Handy.

Jungen und Mädchen spielen genauso gerne am Computer.

Mädchen treiben lieber Sport, als das Handy zu benutzen.

(3) Schreibe weitere mögliche Aussagen auf.

____

____

____

____

____

____

4 Erstellt ein Freizeit-Diagramm für eure Klasse. Schreibt Freizeitaktivitäten untereinander auf ein Plakat. Jedes Kind bekommt drei Klebepunkte und klebt sie an seine drei Lieblingsbeschäftigungen.

- Freunde treffen
- draußen spielen
- Fernsehen
- Konsolenspiele
- Sport
- Internet
- drinnen spielen
- Bücher lesen
- Musik

5 Übertragt eure Ergebnisse in das Balkendiagramm. Malt für jeden Klebepunkt ein Kästchen an.

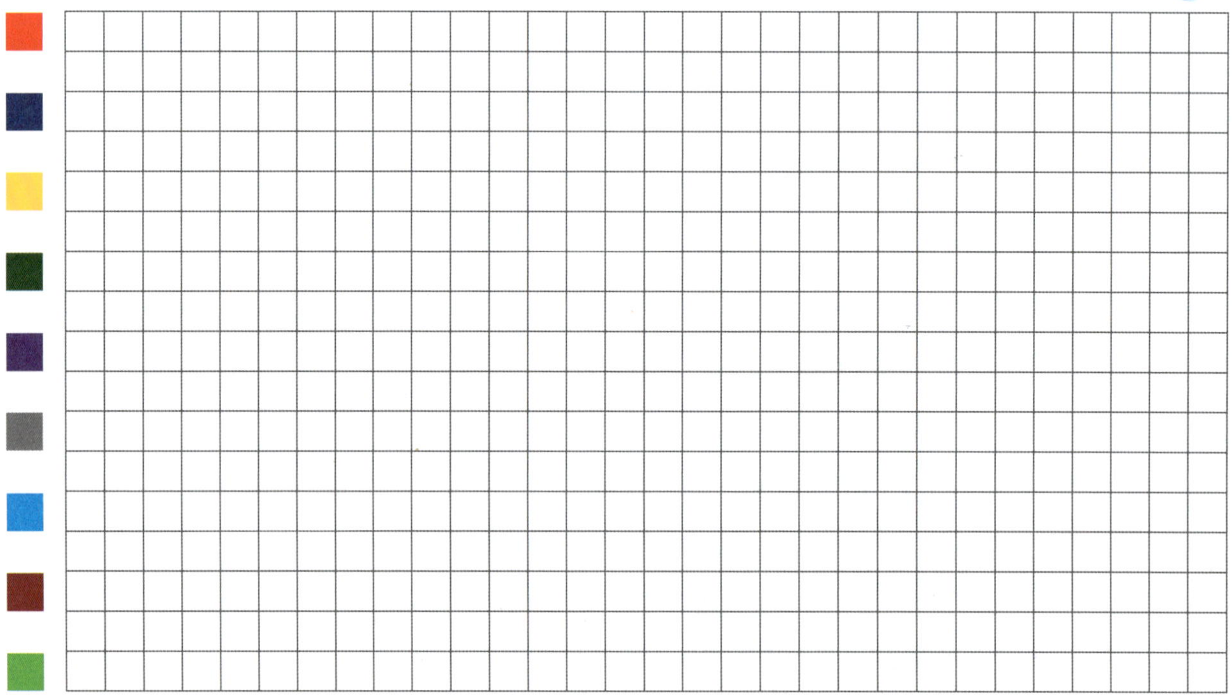

6 Vergleiche die Ergebnisse. Schreibe richtige Aussagen wie auf Seite 25 dazu auf.

____

____

____

____

____

____

Werbewörter und Werbesprüche

(1) Erzählt zu den Bildern. Wie wird auf die Produkte aufmerksam gemacht? Welche Informationen erhaltet ihr?

Uhren Schmidt

Wir führen eine Vielzahl hochwertiger Kinderuhren in verschiedenen Farben mit lustigen Motiven. Die Uhren sind wasserdicht, haben ein Ziffernblatt mit arabischen Ziffern und Leuchtzeiger.

Mit Geschenkbox, 2 Jahre Garantie

(2) In Werbetexten werden viele Adjektive und oft englische Wörter benutzt. Untersuche die Werbetexte aus Aufgabe 1. Schreibe die Adjektive und die englischen Wörter auf.

Adjektive: ____________________

____

____

Englische Wörter: ____________________

____

____

Besonderheiten von Werbeanzeigen untersuchen; typische Werbewörter (z. B. aus dem Englischen) sammeln; Werbung und Information unterscheiden; eine eigene Werbung entwerfen

③ Sammle Werbesprüche, die du in deiner Umgebung oder in Zeitschriften entdeckst. Schreibe drei auf.

④ Überlegt: Wofür möchtet ihr Werbung machen?
Erfindet einen Werbespruch.
Verwendet möglichst viele Werbewörter.

Gegenstand:

Beschreibung:

Besonderheit:

Setzt aus euren Ideen einen Werbespruch zusammen.

⑤ Stellt eure Werbung der Klasse vor und vergleicht eure Ergebnisse.

Adjektive mit Wortbausteinen

(1) Mit welchen Adjektiven kann man für welches Produkt werben?
Ordne jedem Produkt mindestens zwei Adjektive zu.
Manche kannst du mehrmals verwenden.

____

____

____

____

____

____

____

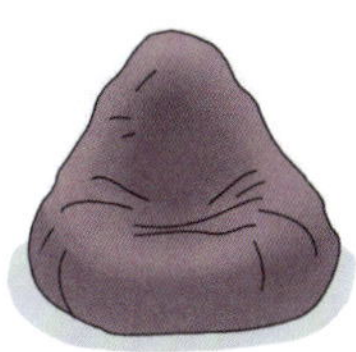

____

____

____

fantastisch
sportlich
knallig
grenzenlos
vergnüglich
lautlos
praktisch
auffällig
magisch
modisch
nützlich
schwerelos
unempfindlich
farbig
kuschlig
mühelos

(2) Ordne die Adjektive aus Aufgabe 1 nach ihren Wortbausteinen.

-isch: ______________________________

-ig: ______________________________

-lich: ______________________________

-los: ______________________________

(3) Finde zu jedem Nomen das passende Adjektiv. Verbinde.
Markiere **-ig**, **-isch**, **-los** und **-lich**.

Himmel   Lust   Plan   Russland   Gefahr   Hilfe   Schrecken   Mut

gefährlich   russisch   himmlisch   schrecklich   hilflos   lustig   mutig   planlos

4) Verwandle die Nomen in Adjektive mit Wortbausteinen:

Angst	Fleiß	Automat	Erfolg	-lich
Ende	Kraft	Sturm	Herz	-ig
Herr	Schmutz	England	Zahl	-isch
Sport	Neugier	Kritik	Zahn	-los

-lich: ______________________________

-ig: ______________________________

-isch: ______________________________

-los: ______________________________

5) Lies den Werbetext für das Ritterfest auf Schloss Steilenfels.
Setze in die Lücken werbewirksame Adjektive ein.

fantastisch • uninteressant • groß • uralt • langweilig • faszinierend • gefährlich
erlebnisreich • interessant • zahlreich • lecker • vergnüglich • spannend • lustig

__________ Ritterfest auf Schloss Steilenfels: Am 12./13. Juni erwartet euch eine __________ Zeitreise. Taucht ein in die __________ Welt des Mittelalters. Ihr erlebt ein __________ Burgfest mit __________ Ritterkämpfen, einer __________ Feuershow und __________ Gauklervorführungen. Informiert euch über __________ Handwerksberufe und genießt __________ Essen an einem der __________ Stände.

6) Mit einem Klappbüchlein kannst du witzige Werbewörter erfinden.

extrem, super, ultra, mega, …	turbo, multi, giga, schoko, …	cool, zart, weich, frisch, …

Kleine Merkwörter (M)

(1) Lies den Text. Unterstreiche die passenden Wörter.

Jeden Tag, bevor/obwohl Frau Müller zum Einkaufen geht, vergleicht sie die Angebote in den Zeitungen. Sie kauft häufig irgendwelche Dinge, damit/wenn sie gerade im Sonderangebot sind. Später ärgert sie sich dass/dann. Sie nimmt sich vor, dass/ob sie in Zukunft nur Sachen in den Wagen legt, die sie wirklich braucht. Trotzdem/Obwohl hat sie in der vergangenen Woche Katzenfutter gekauft, damit/obwohl sie keine Katze hat. Frau Müller will ihre Freundin fragen, ob/wenn sie mit ihr zum Einkaufen gehen kann, damit/dann nichts Unnötiges im Wagen landet.

(2) Schreibe die unterstrichenen Wörter ab.

___

(3) Finde zu den Satzanfängen die passenden Satzteile. Schreibe die Sätze auf.

Die Jeans ist teurer,	obwohl sie müde ist.
Max hofft trotzdem,	ob der Film wirklich so toll ist.
Lotte kann nicht einschlafen,	als Max gedacht hat.
Sie überlegt,	obwohl er lernen muss.
Jamal geht mit ins Kino,	dass sie ihm passt.
Er ist gespannt,	ob sie noch ein bisschen liest.

___

___

___

___

___

___

(4) Suche dir zwei Wörter aus. Schreibe mit jedem Wort einen Satz auf.

obwohl deshalb wenn trotzdem bevor damit ob

Lückentext: nach semantischen Kriterien das richtige Merkwort auswählen; passende Satzteile finden

Richtig schreiben S. 66

Hier üben wir

(1) Übe den Text: oder oder oder .

Werbung

Werbung begegnet uns täglich und überall. Im Radio, im Fernsehen, in Zeitschriften, in Prospekten, auf Plakaten und im Internet werden Produkte angepriesen. Die Werbung soll uns aufmerksam machen und uns von den Vorteilen eines Produktes überzeugen. Deshalb werden in der Werbesprache viele Adjektive und englische Wörter verwendet. Die Werbemacher wollen erreichen, dass wir ein Produkt kennen und kaufen. Die Kinder der 4a haben über ihre Wünsche gesprochen und überlegt, ob die Werbung in den Medien großen Einfluss auf ihre Wünsche hat. Einige Kinder sagen, dass sie selbst oft Dinge haben möchten, die sie aus der Werbung kennen.

Manche Kinder kennen auch viele Werbemelodien und Werbesprüche.

die Werbung
das Radio
das Fernsehen
das Produkt
das Internet
die Vorteile
das Adjektiv
der Einfluss
begegnen
anpreisen
erreichen
täglich
überall
deshalb
selbst
viele

(2) (M) Schreibe den Text ab. Setze dabei ein passendes Bindewort ein.

Werbung wird gemacht, ___ wir Produkte kaufen.
Viele Kinder kennen Werbesprüche, ___ sie Fernsehen gucken.
Werbung enthält viele Adjektive, ___ diese machen uns neugierig.
Einige Kinder sagen, ___ Werbung sie beeinflusst.
Werbung soll auffallen, ___ enthält sie viele Bilder.

obwohl/damit
ob/weil
denn/bevor
dass/trotzdem
wenn/deshalb

S. 1–4 Beileger Arbeitstechniken

3 Bilde aus den Nomen Adjektive mit Wortbausteinen.

-isch -ig -los -lich

~~Himmel~~ • Wunsch • Farbe • Tag • Italien • Mut
Hand • Gefahr • Geruch • Spur • Riese • Mode

himmlisch,

4 Kreise alle zehn Nomen im Suchsel ein. Schreibe sie auf.

P	R	O	S	P	E	K	T	E	L	I	S	U	N	E	P
A	I	A	R	T	O	B	I	N	T	E	R	N	E	T	R
W	K	D	V	A	T	E	F	G	A	F	T	E	P	I	O
E	C	J	O	K	R	U	M	I	S	E	U	L	R	A	D
R	W	E	R	B	E	M	E	L	O	D	I	E	N	V	U
B	M	K	T	I	B	I	D	E	L	S	O	Y	U	I	K
U	V	T	E	L	Z	E	I	T	S	C	H	R	I	F	T
N	Z	I	I	E	O	D	E	N	I	H	V	O	G	A	E
G	E	V	L	U	E	I	N	F	L	U	S	S	T	D	B
U	X	E	E	M	H	L	A	M	P	O	N	K	I	O	L

5 Trenne die kleinen Merkwörter durch Striche und schreibe sie auf.

dasswanntrotzdemwennobwohlbevorobdamitweilumdeshalbdennalsdann

L Was hast du in diesem Kapitel gelernt? Du kannst zum Beispiel eine Liste mit deinen Merkwörtern anlegen.

Übungswörter einzeln und im Textzusammenhang üben; passende Merkwörter einsetzen; Adjektive mit den Wortbausteinen -lich, -ig, -isch, -los bilden; Nomen im Suchsel finden; Impuls Lerntagebucharbeit

1. Beschreibt, welche Tätigkeiten die Kinder bei der Erstellung der Klassenzeitung ausüben.
2. Welche Aufgaben müssen verteilt werden? Begründet eure Meinung.
3. Schreibe Themen auf, die du für eure Klassenzeitung wichtig findest.
Oder: Schreibe Ideen auf, wie die Titelseite aussehen könnte. Soll die Klassenzeitung zum Beispiel einen Namen bekommen?

Das Kind mit dem Stirnband …

Ich sehe ein Kind, das …

diskutieren: eigene Meinung und Ideen zum Projekt Klassenzeitung einbringen, die Beiträge anderer aufgreifen; eine gemeinsame Planung erarbeiten

Von Ereignissen berichten

(1) Lest den Text von Frieda über die Übung mit der Polizei in der Klassenzeitung. Was ist passiert?

Übung mit der Polizei

Vor drei Jahren, als ich noch in der ersten Klasse war, kamen zwei Polizisten zu uns in die Klasse. Sie hatten ihre Uniformen an und Pistolen und Handschellen dabei. Zuerst dachten wir, dass einer von uns verhaftet werden soll. Aber die Polizisten wollten mit uns üben, wie wir richtig über den Zebrastreifen gehen. Ich durfte ganz vorn laufen und war etwas aufgeregt, ob ich wohl alles richtig machen werde. Wir gingen zum Zebrastreifen vor der Schule und sollten alle nacheinander über den Zebrastreifen gehen. Ich schaute nach links und rechts und wollte losgehen. Aber plötzlich kam ein Auto und fuhr einfach über den Zebrastreifen. Alle bekamen einen Riesenschreck. Auch der Autofahrer erschrak und hielt sofort an. Ein Polizist verwarnte ihn. Wir Kinder fanden das spannend, denn jetzt hatten die Polizisten einen richtigen Einsatz.

Frieda Wolter

(2) Beantworte die W-Fragen in Stichworten.

Wer war beteiligt? ______________________________

____

Was geschah? ______________________________

____

____

Wann ist es passiert? ______________________________

Wo ist es passiert? ______________________________

Ein Bericht enthält sachliche Angaben:
Wer? Was? Wann? Wo? Wie? Warum?
Er ist immer im Präteritum (1. Vergangenheit) geschrieben.

(3) Überlege dir ein Ereignis aus deiner Schulzeit für eure Klassenzeitung.
Notiere dir zuerst Stichworte zu den W-Fragen.

Wer? ______________________________

____

Wann? ______________________________

Wo? ______________________________

Was? ______________________________

____

____

(4) Schreibe den Bericht. Denke daran: Schreibe im Präteritum und berichte sachlich.

____

____

____

____

____

____

____

____

____

____

____

(5) Sucht in der Zeitung nach kurzen Berichten.
Schneidet sie aus. Unterstreicht die Angaben zu den W-Fragen.

Ideen zu einem Thema sammeln

(1) Die Kinder der Klasse 4b sitzen zusammen und besprechen ihre Fragen zur Klassenzeitung. Lest die Fragen und erklärt, was die roten Wörter bedeuten. Ihr könnt auch im Lexikon oder im Internet nachschauen.

(2) Welche Fragen müsst ihr für eure Klassenzeitung noch klären?

über Ideen sprechen; Wortbedeutungen erklären; eine Ideensammlung zu einem Vorhaben anlegen; ein Interview vorbereiten und durchführen

3 Für eure Klassenzeitung möchtet ihr ein Interview mit eurem Schulleiter oder eurer Schulleiterin führen. Sammelt Fragen, die ihr stellen wollt.

Was gefällt Ihnen an Ihrem Beruf?

Was sind Ihre Lieblingsfächer?

Welches Buch lesen Sie gerade?

4 Plant das Interview.

Wer führt das Interview durch? ______

Wann und wo findet das Interview statt? ______

Welche Medien werden benötigt? ______

5 Führt das Interview durch.

Wörter mit -heit, -keit, -ung, -nis

1 Für die Hitliste Unternehmungen haben die Kinder Vorschläge auf Zettel geschrieben.
Unterstreiche in den Texten alle Nomen mit **-heit**, **-keit**, **-ung** und **-nis**.
Schreibe die Nomen mit ihrem Artikel auf.

Das beste Erlebnis war die Disco auf der Klassenfahrt. Die wird immer in Erinnerung bleiben, weil

In der 3. Klasse hatten wir die Möglichkeit, einen Computerführerschein zu machen.
Meiner Meinung nach war

Die Planung des Sommerfests war prima. Jede Einzelheit wurde besprochen.
Wir hatten sogar die Erlaubnis

Im Museum haben wir mit einer Flüssigkeit experimentiert.
Das war die beste Gelegenheit

Der Besuch im Theater war für mich eine Besonderheit. Zum ersten Mal

-heit ______________________________

-keit ______________________________

-ung ______________________________

-nis ______________________________

2 Verbinde die Nomen in der Einzahl mit den Nomen in der Mehrzahl.
Schreibe sie auf.
Male an, welcher Buchstabe sich in der Mehrzahl verdoppelt hat.

Gefängnis   Hindernis   Ergebnis   Zeugnis   Ereignis   Geheimnis

Hindernisse   Zeugnisse   Geheimnisse   Gefängnisse   Ereignisse   Ergebnisse

Gefängnis – Gefängnisse, ______________________________

____

____

3 Bilde Nomen und schreibe sie mit ihrem Artikel auf.
Achtung: In jeder Reihe passt ein Wort nicht zur Endung.
Schreibe die Wörter mit der Endung **-nis** auch mit dem Artikel auf.

krank bekannt selten finster schön klug	-heit	sauber erlauben heiser sparsam fröhlich flüssig	-keit	prüfen teilen bedienen verzeihen geheim erklären	-ung

-heit ______________________________

____

-keit ______________________________

____

-ung ______________________________

____

-nis ______________________________

Wörter mit **-heit**, **-keit**, **-ung** und **-nis** sind Nomen. Sie werden großgeschrieben. Man kann sie aus Verben und Adjektiven bilden:
*krank – die Krank**heit**, gültig – die Gültig**keit**, teilen – die Teil**ung**.*

4 Bilde aus den Adjektiven und den Verben Nomen mit **-heit**, **-keit**, **-ung** oder **-nis**.

~~schwer~~ • kennen • frei • heizen • gesund • ärgern • begegnen • dunkel
traurig • wagen • persönlich • retten • entwickeln • fähig • wild • wahr

-heit ______________________________

-keit Schwierigkeit, ______________________________

-ung ______________________________

-nis ______________________________

Merkwörter mit ß (M)

1 Clara hat einen Bericht über den Weltkindertag geschrieben.
Lest, was sie über den Tag herausgefunden hat und wie er gefeiert wurde.

Welttag der Kinder
Im Jahr 1954 saßen alle Mitglieder der Vereinten Nationen zusammen. Gemeinsam beschlossen sie die Einführung eines weltweiten Kindertages. Seither wird der Weltkindertag in vielen Staaten regelmäßig gefeiert. In Deutschland findet er immer am 20. September statt. Wir haben am Weltkindertag mit vielen Aktionen außerhalb der Schule auf die Lage der Kinder weltweit aufmerksam gemacht. Schließlich geht es nicht allen so gut wie uns. Außerdem haben wir uns mit unseren Rechten beschäftigt. Das Motto lautete diesmal: „Kindern eine Stimme geben." Für unser Viertel wünschen wir Kinder zum Beispiel einen Fußballplatz. Dann können wir endlich draußen richtig Fußball spielen. Insgesamt hat uns der Tag großen Spaß gemacht.
Clara Marten

2 Schreibe alle Wörter mit ß aus dem Text auf. Male ß an.

saßen, ______

______

3 Ordne die Wörter nach Wortfamilien.
Finde zu jeder Wortfamilie noch ein weiteres Wort.

Fußabdruck • Großstadt • leichtfüßig • Vergrößerung
entschließen • Maßband • Größe • Grußformel
planmäßig • ausschließlich • Schließfach • grußlos

fuß Fußabdruck, ______

groß ______

maß ______

schließ ______

gruß ______

Hier üben wir

1 Übe den Text: oder oder oder .

Das Interview

Letzten Donnerstag hatte Paul die Möglichkeit, mit der Sportlehrerin ein Interview für die Klassenzeitung zu führen. Für das Gespräch durfte er sein Handy in die Schule mitbringen. Eigentlich verstößt das gegen die Schulordnung, aber er hatte extra eine Erlaubnis dafür erhalten. Das Handy hat eine Aufnahmefunktion und Paul wollte die Gelegenheit nutzen und das Gespräch aufzeichnen. Zuerst lief alles großartig. Dann aber piepte das Handy: Der Akku war leer und das Ladegerät lag zu Hause. Paul konnte schließlich nur drei Fragen stellen und musste außerdem einen neuen Termin vereinbaren.

Seitdem prüft Paul regelmäßig den Akkustand, damit er sein Handy immer benutzen kann.

das Interview
die Zeitung
das Handy
die Erlaubnis
führen
nutzen
verstoßen
laufen
es lief
liegen
es lag
leer
schließlich
eigentlich
zuerst
großartig

2 (M) Finde im Übungstext alle Merkwörter mit ß.
Schreibe sie auf. Setze die Merkwörter passend in die Sätze ein.

____

Das Gespräch verläuft ______________.

Ich ______________ nicht gegen die Schulordnung.

______________ überprüfe ich den Akkustand.

Ich stelle ______________ nur drei Fragen.

______________ muss ich einen neuen Termin vereinbaren.

3 Schreibe noch andere Merkwörter mit ß auf.

____

____

S. 1–4 Beileger Arbeitstechniken

4 Schreibe die Sätze auf. Verwende die Endungen **-heit**, **-keit**, **-ung**, **-nis**.

Mit Sicher___ kommen nicht alle Artikel in die Klassenzeit___. Die Mehr___ der Kinder möchte eine Abbild___ auf jeder Seite. Alle haben die Möglich___, eigene Fotos mitzubringen. Ausnahmsweise haben die Kinder die Erlaub___ zur Handynutz___. Damit das Ergeb___ gut wird, arbeiten alle mit großer Aufmerksam___. Am Ende haben alle eine schöne Erinner___ an ihre Grundschulzeit.

5 Diese Wörter kommen im Übungstext vor. Schreibe sie richtig auf.

~~weivretnI~~ ukkA reel artxe nimreT täregedaL

hcärpseG etpeip etztel noitknufemhanfuA

Interview,

L Was hast du in diesem Kapitel gelernt? Du kannst zum Beispiel Wörter mit **-heit**, **-keit**, **-ung**, **-nis** sammeln und aufschreiben.

Sommerhitze

① Ordnet die Begriffe den Bildern zu. Erzählt zu den Bildern.

☐ Zeltlager ☐ Mittsommerfest

☐ Sommersportfest ☐ Johannisfeuer

② Bei welchen Festen oder Veranstaltungen im Sommer warst du schon?
Schreibe auf, was du dort erlebt hast.
Oder: Erkläre einen der beiden Begriffe: Mittsommerfest Johannisfeuer.

____

____

____

____

funktionsangemessen sprechen: zu Bildern erzählen; sich über Sommerbräuche und Feste informieren und austauschen

Texte überarbeiten 2

1 Julian war am Wochenende mit dem Sportverein in einem Zeltlager. In der Schule hat er einen Text darüber geschrieben. Lies den Text. Vergleiche die unterstrichenen Wörter mit den Korrekturzeichen am rechten Rand. Ordne die Korrekturzeichen den passenden Aussagen zu.

R	Z	A	W

2 Schreibe die Verbesserungen auf.

Wir furen etwa drei Stunden, dann waren	R ______
wir endlich da. Der Zeltplatz lag mitten im	
Wald und wir fangen gleich an, die Zelte	Z ______
aufzubauen. Aber das dauerte viel länger,	
wie wir gedacht hatten. Es wird schon	A/Z ______
langsam dunckel. Da sagte unser	R ______
Gruppenleiter: „Wir brauchen unbedingt	
noch Holz für das Lagerfeuer."	
Da durfte ich mit Mia und Finn losgehen	W ______
und Holz mitbringen. als wir zurückkamen,	A/R ______
brannte das Lagerfeuer schon.	

3. Diskutiere mit anderen Kindern, wie Julians Text verbessert werden kann.

Beachtet diese Kriterien:
- passende Überschrift
- spannender Höhepunkt
- wörtliche Rede
- Einleitung und Schluss
- treffende Adjektive
- unterschiedliche Satzanfänge

4. Schreibe deine Überarbeitung von Julians Text auf.

Überschrift: ____

____

____

____

____

____

____

____

____

____

____

____

____

____

____

____

____

5. Vergleicht eure Ergebnisse in einer Schreibkonferenz.

Wörter und Redewendungen

1 Im Text werden Ausdrücke verwendet, die nicht wörtlich zu verstehen sind. Das sind Redewendungen.
Ordne die Redewendungen aus dem Text den Bedeutungen zu.

An der Schiller-Grundschule findet heute der Sport-Spiele-Tag statt. Bea und Julian sind Feuer und Flamme. Auch einige Eltern sind gekommen und wollen ihre Kinder anfeuern. Frau Groß, die Sportlehrerin der 4. Klassen, fackelt nicht lange: Schon sind die Mannschaften eingeteilt und es geht los. Aber werden sich auch alle an die Regeln halten? „Für meine Klasse lege ich die Hand ins Feuer", sagt der Klassenlehrer, Herr Hansen.

ich habe Vertrauen: ____________________

sind begeistert: ____________________

erledigt es schnell: ____________________

anspornen: ____________________

2 Vergleiche die englischen Redewendungen mit den deutschen und finde die passende Bedeutung.

1 to add fuel to the fire → Öl ins Feuer gießen

2 You are playing with fire. → Du spielst mit dem Feuer.

3 A burnt child fears the fire. → Ein gebranntes Kind scheut das Feuer.

☐ besonders vorsichtig sein ☐ leichtsinnig sein ☐ einen Streit weiter anheizen

3 Diese Redewendungen sind in verschiedenen Dialekten geschrieben.
Was bedeuten sie? Kennt ihr noch andere mundartliche Redewendungen?

Do kannst mir dä Puckel erafrötsche.
(Kölsch)
Du kannst mir den Buckel runterrutschen.

Et wört niks su heet jeäte, wi et jekokt wört.
(Niederdeutsch)
Es wird nichts so heiß gegessen, wie es gekocht wird.

Des isch doch Wassr en Bach draga!
(Schwäbisch)
Das ist doch Wasser in den Bach tragen.

Ein Gedicht lesen und vortragen

(1) Lest das Gedicht. Was fällt euch auf? Sprecht darüber.

Das Feuer

Hörst du, wie die Flammen flüstern,
knicken, knacken, krachen, knistern,
wie das Feuer rauscht und saust,
brodelt, brutzelt, brennt und braust?

Siehst du, wie die Flammen lecken,
züngeln und die Zunge blecken,
wie das Feuer tanzt und zuckt,
trockne Hölzer schlingt und schluckt?

Riechst du, wie die Flammen rauchen,
brenzlig, brutzlig, brandig schmauchen,
wie das Feuer, rot und schwarz,
duftet, schmeckt nach Pech und Harz?

Fühlst du, wie die Flammen schwärmen,
Glut aushauchen, wohlig wärmen,
wie das Feuer, flackrig wild,
dich in warme Wellen hüllt?

Hörst du, wie es leiser knackt?
Siehst du, wie es matter flackt?
Riechst du, wie der Rauch verzieht?
Fühlst du, wie die Wärme flieht?

Kleiner wird der Feuerbraus:
ein letztes Knistern,
ein feines Flüstern,
ein dünnes Ringeln –
aus.

James Krüss

(2) Habt ihr schon mal ein Feuer erlebt? Was habt ihr wahrgenommen?

(3) Schreibe Wörter auf, die du mit Feuer verbindest.
Du kannst auch eigene Wörter dazuschreiben.

Funken · Flamme · glühen · Rauch · Hitze · knistern · lodern · leuchten
erloschen · Fackel · warm · züngeln · flackern · gefährlich · verbrennen
anzünden · heiß · verkohlt · Feuerschein · qualmen · Funkenflug

ein Gedicht lesen und über sprachliche Mittel sprechen; lautmalerische Worte und Personalisierung des Feuers erkennen; einen Text sprechend gestalten und vortragen

4. Wie beschreibt der Autor James Krüss das Feuer?
Unterstreiche in den ersten fünf Strophen das erste Wort.

5. Was machen die Flammen? Was macht das Feuer?
Schreibe die Verben auf.

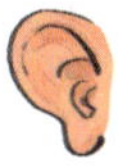 Du hörst, wie

die Flammen ____________________

das Feuer ____________________

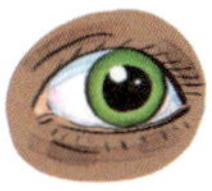 Du siehst, wie

die Flammen ____________________

das Feuer ____________________

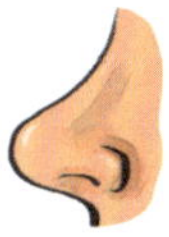 Du riechst, wie

die Flammen ____________________

das Feuer ____________________

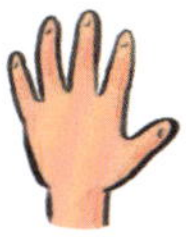 Du fühlst, wie

die Flammen ____________________

das Feuer ____________________

6. Suche dir ein anderes Kind zum Partnerlesen.
Teilt euch das Gedicht auf. Übt mehrmals,
das Gedicht betont vorzulesen.
Achtet dabei auf:

Lautstärke | Sprechtempo | Betonung | Pausen | Gestik | Mimik | Körperhaltung

7. Tragt das Gedicht in der Klasse vor und gebt einander Rückmeldung.

Strategien anwenden 3 (M)

1 Lies den Text. Ergänze mündlich in den Lückenwörtern ä oder äu.

Gestern musste die Feuerwehr ausrücken, um zwei Schilfbr__nde am Ufer eines Baggersees zu löschen. 16 Feuerwehrm__nner mit zwei Löschfahrzeugen waren im Einsatz. In wenigen Minuten war das Feuer gelöscht. Allerdings konnte die Brandursache bis jetzt noch nicht gekl__rt werden.
„Im Moment reicht eine Zigarettenkippe, um das Schilf zu entzünden", so der Kommandant der örtlichen Feuerwehr.
„Das Feuer kann dann schnell auf Str__cher und B__me in der N__he übergreifen." Er r__t daher zu erhöhter Vorsicht.

2 Schreibe die Lückenwörter aus Aufgabe 1 mit ihrer Ableitung auf.

Schilfbrand –

3 Bilde mindestens 15 Wörter aus der Wortfamilie **Mann/mann**.

~~Schnee~~ • See • Steuer Heinzel • Ehe • Zimmer Kauf • Traum • Sand	Mann/mann Männ/männ	chen • lich schaft lein • er

Schneemann,

4 Ordne die Wörter den richtigen Strategien zu.

schnell • musste • Feuerwehr • ~~jährlich~~
Fluss • konnte • Einsätze • häufig • jetzt
Baggersee • dann • Gewässer • Fläche
früh • außen • Vorsicht • Bäche • Strand

(ϟ) jährlich – ______________________

____

(↪) ______________________

____

(M) ______________________

____

5 Für jedes Wort brauchst du mehrere Strategien, manchmal auch eine Strategie mehrfach. Schreibe über jedes Wort die passenden Zeichen. Markiere die Stelle, an der du die Strategie anwendest.

(M) (↪)
Käsekuchenstück

Waldbrandgefahr

Schwimmwettkämpfe

Feuerwehrgerät

Kinderbettwäsche

Dachgepäckträger

Fahrradständer

Mädchenfußballmannschaft

Hier üben wir

1. Übe den Text: oder oder oder .

Es brennt

Im Sommer ist die Gefahr von Waldbränden durch die Wärme sehr hoch. Seit zehn Wochen hat es nicht mehr geregnet. Die Feuertürme sind täglich mit Wächtern besetzt und die Feuerwehrmänner stehen bereit.
Gestern Mittag gab es Feueralarm. Am Waldrand stand die Böschung in Flammen. Schnell rückten die Wagen aus und fuhren zum Brandherd. Dunkler Rauch stieg in die Höhe. Schon griff das Feuer auf Bäume und Sträucher über. Funken sprühten und das brennende Holz knackte und knisterte. Das Wasser klatschte nur so auf die Flammen. Nach zwei Stunden war der Brand gelöscht. Die Feuerwehrleute kontrollierten die ganze Nacht die Brandstelle.

Erst am Morgen, als keine Stelle mehr qualmt, packen sie die letzten Geräte ein. Die Reste der Bäume ragen traurig in den Himmel.

der Brand
die Gefahr
die Feuerwehr
der Mittag
der Waldrand
die Höhe
steigen
er stieg
greifen
es griff
knacken
qualmen
packen
traurig
mehr
letzte

2. Finde im Übungstext die Merkwörter und schreibe sie auf.

Gefahr, ____________________

____

____

3. Finde im Übungstext die Wörter, die du ableiten kannst.
Schreibe die Wortpaare auf.

Waldbrände – ____________________

____

____

____

____

S. 1–4 Beileger Arbeitstechniken

④ Schreibe diese Wörter mit einer passenden Verlängerung auf.

täglich | Waldrand | Böschung | schnell | Brand | traurig | Mittag | gab

täglich – ______________________________

____

____

⑤ Schreibe zu den Grundformen die Personalformen im Präteritum auf.

Grundform	1. Person Einzahl	3. Person Einzahl
steigen	*ich stieg*	
greifen		
knacken		
packen		
kontrollieren		
qualmen		

⑥ Wähle drei Verben aus Aufgabe 5 aus und bilde damit Sätze.

____

____

____

____

____

____

L Was hast du in diesem Kapitel gelernt? Du kannst zum Beispiel weitere Redewendungen sammeln und ihre Bedeutung erklären.

Ich liebe Bücher

1. Zu welcher Lesung würdest du gerne gehen? Begründe.

2. Welche Bücher, die du in letzter Zeit gelesen hast, würdest du jemandem vorlesen wollen? Begründe.
Oder: Welche Leseaktionen hast du schon erlebt? Beschreibe.

1 In den Sprechblasen stecken Fachbegriffe zum Thema Buch. Unterstreiche sie.

Ich schaue immer zuerst auf das Cover und den Titel.

Dicke Bücher lese ich nicht so gerne. Ich achte auf den Umfang.

Ich lese als Erstes den Klappentext. Dann habe ich schon einen Eindruck, wovon das Buch handelt.

Mir sind die Illustrationen wichtig.

Ich freue mich immer, wenn wieder ein neues Buch von einem Autor oder einer Autorin erscheint, die ich besonders mag.

Ich schlage das Buch an einer beliebigen Stelle auf und mache eine kleine Leseprobe. Gefällt mir der Schreibstil?

Ich suche Bücher nach Buchempfehlungen aus oder lasse mir Buchtipps von Freunden geben.

2 Was hilft dir, wenn du ein Buch auswählen möchtest? Begründe.

Fachbegriffe zum Buch markieren; über Faktoren bei der Buchauswahl sprechen; eigene Vorgehensweisen beschreiben

Zusammenfassungen

Im Jo-Jo Lesebuch 4 findest du ein Interview mit Sabine Ludwig.

1. Sammelt Informationen über Sabine Ludwig und ihre Bücher, zum Beispiel in der Bücherei, beim Verlag oder in der Buchhandlung.
   Sabine Ludwig hat auch eine eigene Homepage.

____

____

____

2. Benjamin hat das Buch „Klassentreffen bei Miss Braitwhistle“ gelesen. Für seine Buchvorstellung hat er eine Zusammenfassung des ersten Kapitels geschrieben. Lies den Text.

> Montag, 4. April
> Seit Franz und Aki in der 5. Klasse sind, gehen sie auf unterschiedliche Schulen und haben wenig Zeit, sich zu treffen. Als einmal beide gleichzeitig schulfrei haben, verabreden sie sich vormittags. Sie schlendern durch die Gegend und landen in ihrer alten Schule. Dort treffen sie Henni, die sitzengeblieben war. Gemeinsam beschließen sie, ein Klassentreffen der alten 4a zu veranstalten. Doch wer soll alles eingeladen werden – auch die Lehrer? Miss Braitwhistle würden sie allerdings sehr gerne wiedersehen.

3. Das macht eine gute Zusammenfassung aus.
   Prüfe, ob Benjamin alle Punkte beachtet hat.

Die Zusammenfassung …

- [ ] ist im Präsens verfasst.
- [ ] nennt wichtige Hauptpersonen.
- [ ] enthält nur wichtige Informationen.
- [ ] ist kurz und sachlich.
- [ ] beinhaltet keine wörtliche Rede.
- [ ] ist mit eigenen Worten geschrieben.

- [ ] Der Leser versteht, worum es geht.

S.92 Texte verfassen

Einen Textabschnitt wählen

1. Wie muss ein Textabschnitt sein, der Zuhörer auf das Buch neugierig macht? Überlegt gemeinsam.

2. Lies die drei Textabschnitte. Wähle einen aus, der deiner Meinung nach andere Kinder neugierig macht. Kreuze an. Begründe deine Wahl.

Plötzlich gab es ein fürchterliches Sausen wie von einem starken Wind, die Weihnachtskarten auf dem Kaminsims sind umgefallen und das Feuer ist ausgegangen. Dann rumpelte es im Kamin und es erschienen zwei schwarze Stiefel. In den Stiefeln steckte jemand, denn man hörte ihn sagen: „I'm stuck! Damn it, what a bummer!“ Wir haben es nicht verstanden, aber es klang wie „Himmel, Arsch und Zwirn!“, nur auf Englisch. „Das ist der Weihnachtsmann!“, hat Pauline gerufen und an dem einen Stiefel gezogen. „Der hat Geschenke dabei!“, hat Max gerufen und am anderen Stiefel gezerrt.

Du bist ja vielleicht ein Angsthase“, sagte Pauline spöttisch.
„Wusste gar nicht, dass du so schnell schwimmen kannst“, meinte Max.
„Als wäre der Teufel hinter dir her“, sagte Annalisa.
„Der Teufel nicht, aber ein Hai!“, stieß ich hervor. Und dann fingen alle an zu lachen. Sogar Aki hat gelacht. Ich habe mich umgedreht. Der Hai kam geradewegs auf mich zu. Auf zwei Beinen. „Tut mir leid, ich wollte euch nicht erschrecken“, hat der Hai gesagt, der natürlich gar kein Hai war, sondern ein Junge mit einer schwarzen Haiflosse auf dem Rücken.

Und dann hörte ich einen Schrei. Einen hohen Schrei, der mir das Blut in den Adern gefrieren ließ. Gleich darauf ertönten tiefes Brummen und schrilles Wiehern. Wo waren wir? Auf einem Pferdehof? In der Geisterbahn? In einer Pferdegeisterbahn? Es war stockdunkel. Und trotzdem hatte ich das Gefühl, von tausend Augen beobachtet zu werden.

Sabine Ludwig;
aus: Klassentreffen bei Miss Braitwhistle

Kriterien für einen Textabschnitt bestimmen; einen passenden Textabschnitt auswählen und die Auswahl begründen

Ein Buch vorstellen

(1) Überlegt, wie ihr eure Buchvorstellung organisieren wollt.
Macht einen Plan, wer wann welches Buch vorstellt.

Meine Buchvorstellung ist am ____________________

____

____

____

(2) Entscheide, wie du dein Buch präsentieren möchtest, zum Beispiel als

Leserolle
Plakat
Lapbook
Lesekiste
Lesetagebuch
Kamishibai

Ich gestalte ____

Dafür benötige ich diese Materialien: ______________________________

____

____

(3) Bereite deine Buchvorstellung vor.
Wähle ein Buch aus und schreibe diese Angaben auf.

Titel: ____

Autor/Autorin: ______________________________________

Illustrationen: ______________________________________

Verlag: ____

Erscheinungsjahr: ___________________________________

Seiten: ____

4 Schreibe eine kurze Zusammenfassung.

- Nenne wichtige Hauptpersonen.
- Schreibe nur wichtige Informationen auf.
- Schreibe kurz, sachlich und in eigenen Worten.
- Schreibe im Präsens.
- Verwende keine wörtliche Rede.

5 Lies dir deine Zusammenfassung noch einmal durch.
Können sich die anderen Kinder vorstellen, worum es in deinem Buch geht?

6 Wähle eine besondere Textstelle aus.
Markiere die Stelle mit einem Lesezeichen.

Seite ____________________

Übe den Text, damit du ihn fehlerfrei,
flüssig und ausdrucksstark vorlesen kannst.
Sprich laut und deutlich. Denke an Pausen.

So kannst du dein Vorlesen beginnen:
Erzähle den Zuhörern, warum du diese Textstelle ausgewählt hast.
Notiere dir Stichpunkte.

____

____

____

____

7 Meine Bewertung des Buches ☆ ☆ ☆ ☆ ☆

Begründe, warum du das Buch weiterempfehlen möchtest
und wem du es empfehlen würdest.

____

____

____

____

____

____

____

____

____

____

(8) So kannst du deine Buchvorstellung noch interessanter gestalten:

Vergrößere Illustrationen aus dem Buch und hänge sie auf.

Stelle Seiten aus deinem Lesetagebuch aus.

Richte eine Leseecke mit Büchern des Autors oder der Autorin ein.

Überlege dir ein Rätsel oder ein kleines Quiz zu deiner Buchvorstellung.

Besorge ein Hörbuch und organisiere eine Vorführung.

Bringe Dinge mit, die im Buch erwähnt werden, z. B. Zuckerwürfel, eine Haarspange …

Schreibe eigene Ideen zu deiner Buchvorstellung auf.

(9) Du hast deine Buchvorstellung vorbereitet.
Nun ist es Zeit für eine Generalprobe.

Überlege dir, wer dein Publikum sein soll.
Suche dir einen geeigneten Platz für deine Probe.
Lege alle Materialien bereit, die du brauchst.

Begrüße das Publikum mit ein bis zwei Sätzen.
Sprich möglichst frei und schaue dabei dein Publikum an.
Sprich laut, deutlich und nicht zu schnell.
Mache auch mal kurze Pausen.
Beziehe die Dinge ein, die du zusätzlich präsentieren willst.
Bedanke dich bei dem Publikum und beantworte noch Fragen.

Prüfe, wie lange dein Vortrag dauert.
Frage dein Publikum, was du noch besser machen kannst.

(10) Wenn du dein Buch in der Klasse vorgestellt hast,
lass dir anschließend Rückmeldung zu deinem Vortrag geben.

Strategien anwenden 2

① Unterstreiche zu diesen Verlängerungen die passenden Wörter im Text.

Urlaube klappen fragen

vermissen besorgen schlossen

schluchzende leiden schrieben Blätter

In meiner Nachbarschaft wohnt ein kleines Mädchen.
Es heißt Emma Schoppe. Wenn Emma mich sieht, lacht sie.
Sie ist immer so fröhlich. Gestern aber weinte sie bitterlich.
Dicke Tränen kullerten ihre Bäckchen hinunter.
„Was ist los?", fragte ich besorgt. Schluchzend erzählte sie, dass sie Willi, ihren Teddy, verloren hat. Sie hatte ihn im Urlaub bekommen.
Sie tat mir so leid. Und plötzlich hatte ich eine Idee:
Ich besorgte mir ein Foto von Willi und schrieb VERMISST auf ein Blatt Papier. Darunter notierte ich Emmas Namen und ihre Telefonnummer. Ich machte mehrere Kopien und hängte sie an Baumstämme, Straßenschilder und Parkplätze.
Es klappte tatsächlich. Zwei Tage später rief eine Frau an, die den Teddy gefunden hatte. Als Emma ihren Bären wieder in ihre Ärmchen schloss, hüpfte sie vor Freude. Selten habe ich strahlendere Augen gesehen.

② Finde zu jedem blauen Wort eine passende Ableitung.

Bäckchen – Backe, ____________________

____

____

____

____

③ Finde weitere vier Wörter mit ä im Text.
Weil es keine Ableitung gibt, sind es Merkwörter.
Schreibe sie auf. Kreise ä ein.

____

S. 10 Tieren auf der Spur

4 Setze die Sätze richtig zusammen. Unterstreiche die Merkwörter mit ieh.

Ein frecher Junge	sieht	am hellen Tag.
Es	stiehlt	dem Jungen, den Ball zurückzulegen.
Die aufmerksame Oma	empfiehlt	den Fußball aus dem Garten.
Sie	geschieht	ihn vom Balkon aus.

Ein ______

______

______

______

5 Finde passende Verlängerungen oder Ableitungen.
Markiere in den Wörtern die Stellen farbig, an denen dir die Strategien helfen.

Päckchen • Männchen • Häppchen • Plätzchen

Päckchen – packen, ______

______

6 Male die passenden Zeichen über die Wörter: (↪) (⚡) (M).

hübsch — Staub — seid — Käse — Gebäude — abends — öffnen

7 Schreibe die Sätze mit den passenden Wörtern.

Er ___ mir etwas zu trinken an. Das ___ (M) ist für 30 €
zu mieten. Was du sagst, ist nicht ___ (M).
In den Ferien ___ ich mit meinen Eltern am Meer.
Dieses ___ darfst du an Silvester länger aufbleiben.
Das ___ (M) hat sehr gut geschmeckt.

war – wahr
Mahl – Mal
bot – Boot

Wortfamilien (M)

① Unterstreiche im Text alle Wörter zur Wortfamilie **Märchen**.
Schreibe sie dann auf.

Meine Eltern lesen mir abends immer Kindermärchen vor. Mein Lieblingsmärchen ist Aschenputtel: Die Stelle, wie der Märchenprinz seine Prinzessin findet, gefällt mir besonders gut. Meist falle ich danach selbst in einen märchenhaften Schlaf. Die beste Märchenerzählerin ist aber meine Oma. Sie braucht kein Märchenbuch. Ihre Geschichten sind so spannend, weil sie ihre eigenen Märchenfiguren erfindet. Weil Omi weit weg wohnt, freue ich mich immer schon wochenlang im Voraus auf unsere Märchenstunden.

② Bilde Wörter. Schreibe Nomen groß. Achtung: Es ist ein Adjektiv dabei.
Unterstreiche in jedem Wort den Wortstamm.

Groß	Klein
Hafen	Haupt
Welt	Messe

stadt
Stadt
städt

isch	wohnung
viertel	tor
bücherei	bahn
zentrum	park

③ In jeder Reihe hat ein Wort einen anderen Wortstamm.
Streiche das Wort durch.

heißblütig • Heißluftballon • Heiserkeit • Heißhunger • knallheiß

Haarfarbe • behaart • Kopfhaar • haargenau • ausharren

Schließfach • beschließen • Schleuse • Schließung • schließlich

S. 20 Frühlingsduft

④ Schreibe nur die Wörter der Wortfamilie **hohl/höhl** auf.

Hohlkreuz Hohlkörper Hohlmaß holen aushöhlen

höllisch Höhle Erdhöhle verstohlen Höhlenbär

Abholung Höhlenmalerei hohl Hölle

Hohlkreuz, ______________________________

____

⑤ Bilde Wörter. Unterstreiche in jedem Wort den Wortstamm.

ge	fahr	te	park	dung	e
aus	föhr	lich	erschein	erhaus	
ein	fuhr	unternehmen	werk	t	
	führ	mann	plan	schule	

Gefahr, ______________________________

____

____

____

⑥ Finde zu jedem Satz die Lösung.

Ein Ei kann man in Eigelb und ______________ trennen.

Dieses Brot wird aus hellem Mehl gebacken: ______________.

Eine bekannte Alpenblume ist das ______________.

Diese Wurst ist eine bekannte Münchner Spezialität: ______________.

⑦ Finde zur Wortfamilie **zahl/zähl** zehn Wörter. Unterstreiche den Wortstamm.

____

____

____

Kleine Merkwörter (M)

① Schreibe den Text mit den passenden Merkwörtern ab.
Unterstreiche die Merkwörter.

Letztes/Nächstes Wochenende wollten wir meinen Onkel besuchen. Kurz weshalb/bevor wir losfahren wollten, stolperte meine Schwester und fiel gegen den Zaun. Vorher/Jetzt hatte sie eine Beule und blutete am Kopf. Ohne/Trotz zu zögern, brachten wir sie ins Krankenhaus.

② Schreibe die Verben mit den Vorsilben.

weg zurück

gehen schicken nehmen

③ Unterstreiche die Merkwörter im Text. Schreibe sie vollständig auf.
Markiere die Stellen, die du dir merken musst.

~~un***we**~~ ni***s *n*ef**r
e**l*ch a**er i**e**w* *p**er

Endlich gab die Ärztin Entwarnung: Außer der Platzwunde war nichts Schlimmes passiert. Ungefähr 30 Minuten später konnten wir nach Hause fahren. Papa schlug unterwegs vor, irgendwo ein Eis essen zu gehen.

unterwegs,

④ Schreibe die Sätze mit den passenden Merkwörtern ab.
Unterstreiche die Merkwörter.

dass • dann • falls • denn • wenn

Erst muss ich meine Hausaufgaben machen,
▢ darf ich Tischtennis spielen.
Ich kaufe mir ein Fahrrad, ▢ ich genug Geld gespart habe.
Glaubst du, ▢ wir das Spiel gewinnen?
Ich kann heute zum Sportplatz laufen, ▢ es regnet nicht.
▢ der Bus Verspätung hat, rufe ich zu Hause an.

⑤ Setze die passenden Wörter ein.
Schreibe vollständige Sätze: Ich möchte …

dass – das   denn – den   wenn – wen

Ich möchte Fußballspieler werden, ▢ ich groß bin.
Rate mal, ▢ ich gerade getroffen habe?

Ich erwarte von dir, ▢ du sofort dein Zimmer aufräumst.
Das Blatt, ▢ seit vier Tagen auf dem Esstisch liegt,
habe ich jetzt weggeworfen.

Ich gehe gern zur Schule, ▢ ich treffe dort meine Freunde.
Mir fällt der Merksatz, ▢ ich auswendig lernen musste,
nicht mehr ein.

Merkwörter mit ß Ⓜ

① Ordne die Wörter nach Wortarten.
Male in jedem Wort das ß an.

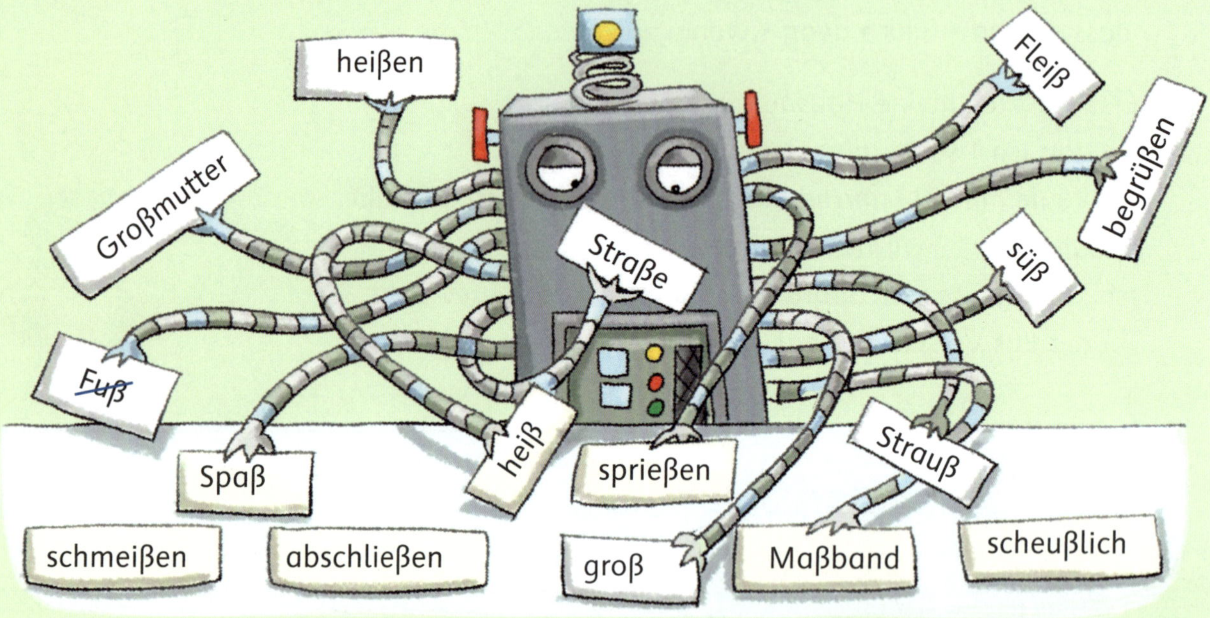

Nomen: Fuß, ______________________

____

Verben: ______________________

____

Adjektive: ______________________

② Finde zu jedem Adjektiv das Gegenteil.
Schreibe die richtigen Sätze auf. Male das ß an.

Die Biene ist faul. ______________________

Schokolade ist sauer. ______________________

Riesen sind klein. ______________________

Milch ist schwarz. ______________________

Das Feuer ist kalt. ______________________

③ Ordne die Verben nach ihrer Zeitform. Male ß an.

~~ich weiß~~	wir beschließen	ich vergaß	er reißt
er beißt	er fraß	ich gieße	wir ließen
wir saßen	ich aß	er maß	wir genießen

Gegenwart: *ich weiß,* ______________________

____

Vergangenheit: ______________________

____

④ Bilde zusammengesetzte Nomen. Male immer das ß an.

~~reißen~~	schließen	stoßen
beißen	gießen	schießen

Kanne	~~Nagel~~	Fach
Ring	Stange	Pulver

Reißnagel, ______________________

____

⑤ In jeder Reihe hat ein Wort einen anderen Wortstamm als die anderen Wörter.
Streiche das falsche Wort durch. Unterstreiche den Wortstamm der anderen Wörter.

maßlos Metermaß maßgeschneidert aß Maßband

außerirdisch außerdem Außenseite außerhalb

Spaßvogel saßen Spaßverderber spaßeshalber spaßig

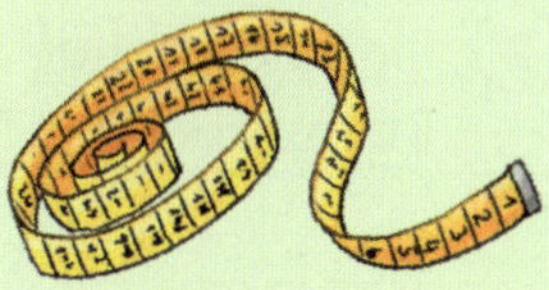

⑥ Finde zu jedem Nomen die passenden Stichworte im unteren Kasten.
Schreibe damit Sätze: *Mit der Gießkanne gieße ich die Blumen.*

Gießkanne • Heißluftballon • Straße • Schweiß
Spaß • Grießbrei • Blumenstrauß • Gruß

hoch fliegen • gerne essen • Geschenk bringen
Autos fahren • Blumen gießen • Brief schreiben
Sport treiben • Fußball spielen

Strategien anwenden 3

1. Schreibe alle roten Merkwörter auf.
Male an, was du dir merken musst.

Die Erfolgsgeschichte der Eisenbahn begann vor knapp 200 Jahren. Am 27. September 1825 wurde die erste Eisenbahnstrecke der Welt unter der Bauleitung des Engländers George Stephenson eröffnet.
Sie hatte eine Länge von 40 km.
Die erste Lokomotive verkehrte zwischen den englischen Städten Stockton und Darlington.
Mit dem neuen Verkehrsmittel konnten nun größere Distanzen schnell, bequem und kostengünstig zurückgelegt werden.
Stephenson stand dabei in einer langen Reihe von Erfindungen, Entwicklungen und Verbesserungen.
Bereits in der Antike nahmen diese Erfindungen ihren Anfang, also lange Zeit vor Christi Geburt und dem Beginn unserer Zeitrechnung.

Eisenbahn, ______________________

____

____

2. Finde passende Ableitungen für die blau markierten Buchstaben im Text. Schreibe die Wortpaare.

____

3. Finde passende Verlängerungen, damit du die grün markierten Buchstaben eindeutig hörst. Schreibe die Wortpaare.

____

____

____

____

S. 50 Sommerhitze

(4) Schreibe die rot markierten Merkwörter auf. Male an, was du dir merken musst.

Drei Dinge waren und sind für jede Eisenbahn maßgebend: das Rad, die Schiene und ein Antrieb. Um Lasten leichter transportieren zu können, wurde schon früh das Rad entwickelt. Damit die Räder nicht im morastigen Untergrund einsackten, kamen zunächst die Griechen und später auch die Römer auf die Idee, Straßen mit Spurrillen zu bauen. Im Mittelalter wurden in Bergwerken hölzerne Schienen verlegt. Holz war jedoch schlecht für schwere Lasten, sodass ab 1750 gusseiserne Schienen zum Einsatz kamen. Da diese häufig brachen, wurden sie Anfang des 19. Jahrhunderts von gewalzten Schienen abgelöst.

sind, ____________________

____

(5) Finde für die blauen Buchstaben passende Verlängerungen. Schreibe die Wortpaare.

____

____

____

____

(6) Kennzeichne die roten Wörter mit ↪, ⚡ oder (M):

(M) die Maschine, ...

James Watt, der Erfinder der Dampfmaschine, und Richard Trevithick bereiteten den Weg zur Entwicklung der ersten Lokomotiven. Trevithick entwickelte eine leistungsstärkere Hochdruckdampfmaschine und stellte 1804 seine erste Lokomotive vor. Sie fuhr in einem Bergwerk. Fehlendes Geld und bruchanfällige Schienen führten jedoch dazu, dass sein Projekt scheiterte. Es war schließlich George Stephenson, der die Schienen verbesserte und die Strecke zwischen den Städten Stockton und Darlington mit gewalzten Schienen ausrüstete. Darauf bewältigte seine „Locomotion" 40 km. Es war die Geburtsstunde der modernen Eisenbahn.

Vergleichsstufen

① Ergänze die Sätze.

am kleinsten • ~~am größten~~ • kleiner als
größer als • so groß wie

Die Giraffe ist am größten.

Der Elefant ist __________ der Bär.

Der Bär ist __________ die Giraffe.

Die Robbe ist __________.

Der Tiger ist __________ der Bär.

② Schreibe zu den Adjektiven die Grundstufe und die 1. Vergleichsstufe.

am ältesten   am schiefsten

alt, __________

③ Vergleiche die Dinge miteinander. Benutze die Adjektive in der Grundstufe und in beiden Vergleichsstufen.

Geige ~~Rassel~~ Schlagzeug – laut   Baby Kind Vater – jung

Die Rassel ist laut.

____

____

____

____

____

Mit **Adjektiven** kannst du etwas genauer beschreiben.
Du erkennst Adjektive auch daran, dass du mit ihnen etwas **vergleichen** kannst:

Grundform: *Der Wasserfrosch ist **klein**.*
1. Vergleichsstufe: *Der Grasfrosch ist **kleiner**.*
2. Vergleichsstufe: *Der Laubfrosch ist **am kleinsten**.*

S. 7 Tieren auf der Spur

④ In diesem Text stehen sechs Adjektive, entweder in der Grundstufe oder in einer Vergleichsstufe. Unterstreiche sie. Schreibe jedes Adjektiv in allen Stufen auf.

Die Klasse macht einen Ausflug in die große Landeshauptstadt.
Zuerst steht die berühmte Kunsthalle auf dem Programm.
Danach geht es in das bekannte Landtagsgebäude.
Am spannendsten ist der Sitzungssaal. Müder als nach einem normalen Schultag fahren alle wieder nach Hause.

groß, größer, ______________________

____

____

____

⑤ Finde zu den Nomen passende Tätigkeiten und vergleiche.

Motorrad • Auto
Zitrone • Orange
Flugzeug • Vogel
Kran • Kind

saurer schmecken
höher fliegen
schwerere Lasten heben
engere Kurven fahren

Das Motorrad fährt ______________________

____

____

____

⑥ Vergleiche die Autos miteinander. Benutze unterschiedliche Vergleichsstufen.

Cabrio Sonni	Limousine Tito	Kombi Allegro	Gelände-wagen
16 600 €	82 000 €	18 750 €	39 750 €
180 km/h	250 km/h	180 km/h	200 km/h
6,0 l	11,1 l	6,1 l	7,2 l
1 t	2 t	1 t	2 t

Wörtliche Rede und Redebegleitsätze

① Kreuze die passende wörtliche Rede zu den Bildern an.
Schreibe sie mit dem Redebegleitsatz und den Redezeichen auf.

Siri stöhnt:
„Ich gehe heute in die Badeanstalt." ☐
„Wir müssen noch so viel schreiben!" ☐

Azra kündigt an:
„Ich werde den Bürgermeister befragen." ☐
„Kann mir jemand Geld leihen?" ☐

Siri stöhnt: ______________________________

____

② Welche Redebegleitsätze passen zur wörtlichen Rede?
Schreibe die Sätze mit allen Redezeichen und Redebegleitsätzen auf.

fragt Tristan • Arzu flüstert • sagt Tristan leise • erwidert der Bürgermeister

„Wie viele Einwohner hat unser Ort?", ______.
„Die Zahl", ______, „muss ich nachgucken."
______: „Er weiß auch nicht alles."
„Mach jetzt ein Foto", ______, „jetzt scheint gerade die Sonne."

„Wie viele ______________________________

____

____

____

____

____

Redebegleitsätze stehen vor, in oder nach der wörtlichen Rede:
***Simon ruft**: „Oh ja, ich wünsche mir ein neues Fahrrad."*
*„Oh ja", **ruft Simon**, „ich wünsche mir ein neues Fahrrad."*
*„Oh ja, ich wünsche mir ein neues Fahrrad", **ruft Simon**.*

S. 18 Frühlingsduft

③ Unterstreiche die Verben aus dem Wortfeld **sprechen** in den passenden Farben.

fröhlich sprechen
unglücklich sprechen
laut sprechen
leise sprechen

rufen	jubeln	jammern
flüstern	brüllen	wispern
stöhnen	kreischen	tuscheln
schimpfen	lachen	loben

④ Schreibe die wörtlichen Reden mit Redezeichen und passenden Begleitsätzen. Aufgabe 3 hilft dir.

Hast du schon wieder nicht zugehört?
Lehrer

Hilfe, da ist eine dicke Spinne!
Paul

Psst, das ist unser Geheimnis!
Marie

Hurra, wir haben endlich Ferien!
Lara

⑤ Schreibe zu jedem Bild einen Redebegleitsatz und eine wörtliche Rede.

Begleitsatz vorne

Begleitsatz hinten

Begleitsatz in der Mitte

Werbewörter und Werbesprüche

① Welches Produkt passt zu welchem Werbespruch?
Schreibe die passenden Zahlen vor die Werbesprüche.

2	bringt die Familie in Fahrt		knackig und gesund
	süß und lecker		der erfrischende Durstlöscher
	warm durch den Winter		Schnappschüsse schnell gemacht

② Welche Begriffe werden in der Werbung benutzt, welche eher nicht?
Schreibe nur die Werbewörter auf.

supertoll • Megastärke • nice • kratzig • butterweich • wunderschön • kompliziert unbrauchbar • ultracool • frisch • sportlich • verschimmelt • unbequem • altmodisch brandaktuell • fantastisch • furchtbar • modern

supertoll, ______________________________

____

____

③ Ergänze das Reimwort und schreibe Werbesprüche.

entzücken • kaufen • wahr • Krautsalat • Risiko • stark • famos

Internet nutzen irgendwo, ohne jedes ____________.

Frisch und äußerst delikat, so schmeckt Omas ____________.

0% Fett im Quark macht dich trotzdem groß und ____________.

Neue Frische für das Haar, unser Shampoo macht das ____________.

Service schreiben wir ganz groß, die Kunden finden das ____________.

Das Gymnastikband für den Rücken wird auch Onkel Ernst ____________.

Mit Schuhen wie auf Federn laufen, deshalb gleich noch heute ____________.

④ Setze Wörter zusammen und bilde lange Werbewörter.

Snack • Gesundheit • mega • Sport • Getränk • schnell
Pausen • stark • super • Erfrischung • Vitamin • duper • Power

Superdupererfrischungsgetränk,

⑤ Entscheide: Informationstext oder Werbetext? Trage ein: I oder W.

Ein Flugzeug bringt Passagiere für 100 € in einer Stunde von Hamburg nach Stuttgart.		Nutzen Sie unsere Bürste morgens und abends – Ihr Zahnarzt wird strahlen.	
Immer rauf auf unser Rad, die Pfunde schmelzen jeden Tag.		Ein Kasten Wasser kostet in dieser Woche im Supermarkt 5 €.	
Wasser diese Woche zum Schnäppchenpreis.		Tägliches Fahrradfahren ist für den Körper gesund.	
Zweimal am Tag sollte man sich die Zähne putzen.		Schnell und günstig fliegen, besser kann man es nicht kriegen.	

⑥ In der Werbung werden oft englische Wörter benutzt.
Finde zu den englischen Begriffen die deutsche Übersetzung.
Bitte Erwachsene um Hilfe. Sieh im Internet nach.

1 spot • 2 headline • 3 slogan • 4 future • 5 sale
6 power • 7 energy • 8 life • 9 flyer • 10 special offer

☐ Werbesendung ☐ Überschrift ☐ Prospekt

☐ Kraft ☐ Zukunft ☐ Sonderangebot ☐ Leben

☐ Ausverkauf ☐ Energie ☐ Werbespruch

Wörter mit -heit, -keit, -ung, -nis

① Ordne jedem Verb oder Adjektiv ein Nomen zu. Schreibe die Paare auf.

~~verzeihen~~ • dunkel	Dummheit • Übung
freundlich • dumm	Ärgernis • Schnelligkeit
üben • schnell	Störung • Dunkelheit
frech • wagen	Frechheit • Wagnis
ärgern • stören	Freundlichkeit • ~~Verzeihung~~

verzeihen – Verzeihung, ____________________

____

____

____

② Unterstreiche im Text alle Nomen mit -heit, -keit, -ung, -nis.
Schreibe sie auf.

Seit ein paar Wochen ist Jule neu in der Klasse.
Ihre Fröhlichkeit finden viele Jungen toll. Mit Begeisterung
versuchen sie, Jule mit allem Möglichen zu beeindrucken.
Tim hat ihr einen Lolli geschenkt, was Jule mit Sicherheit gut fand.
Ole hat eine besondere Fähigkeit, Jule zum Lachen zu bringen:
Er kann eine Drehung auf einem Bein mit einer lustigen Grimasse!
Ben hat sich sogar ein bisschen in Jule verliebt, aber das ist
sein Geheimnis. Er hofft, dass sie beim nächsten Sportereignis
in eine Mannschaft kommen. Dann würde er sie auch mal ansprechen!

Fröhlichkeit, ____________________

____

____

Wörter mit **-heit**, **-keit**, **-ung** und **-nis** sind Nomen. Sie werden großgeschrieben.
Man kann sie aus Verben und Adjektiven bilden:
*krank – die Krank**heit**, gültig – die Gültig**keit**, teilen – die Teil**ung***

S. 39 Medien

③ Diese Nomen sollen in der Mehrzahl stehen. Schreibe die Sätze um.
Du musst auch die Artikel und Verben verändern.

Das Sportereignis der Schule ist gut geplant.
Das Hindernis wird auf das Feld gestellt.
Das Erlebnis findet die Klasse toll.
Das Endergebnis wird ausgehängt.

④ In jedem Kasten sind die Endungen vertauscht worden.
Schreibe die Wörter mit den richtigen Endungen auf.

Offenung	Klugnis	Wichtignis
Deutlichheit	Erlebung	Ärgerung
Kleidkeit	Achtheit	Störkeit

⑤ Bilde Nomen aus den Verben und Adjektiven.

berühmt • üben • müde • erlauben

Nach zwölf Stunden Arbeit ist die ____________ groß.

Der Maler van Gogh ist heute eine echte ____________.

Nach viel ____________ klappt das Aufsagen des Gedichts.

Pia erhält die ____________, alleine mit dem Rad

zur Schule zu fahren.

Wörter und Redewendungen

① Ordne den Abkürzungen die richtigen Bedeutungen zu.

~~z.B.~~ • z.T. • u. • s.o. i.d.R. • usw. • v.a. • d.h.	siehe oben • zum Teil • das heißt • vor allem ~~zum Beispiel~~ • und so weiter • in der Regel • und

z. B. – zum Beispiel,

② Ordne immer einer Redewendung eine Erklärung zu. Verbinde die Kästen.

jemanden in die Schranken weisen	Zur Zeit der Antike schrieb der Dichter Äsop eine Fabel, in der sich ein sehr eitler Frosch mit einem Ochsen messen will. Dazu bläst sich der Frosch auf, bis er platzt.
vor Neid platzen	Im Mittelalter wurde bei Reiterturnieren die Bahn, in der ein Ritter beim Lanzenstechen zu reiten hatte, als Schranke bezeichnet. Die Ritter durften ihre Bahn nicht verlassen.
noch grün hinter den Ohren sein	In Anlehnung an die Farbe vieler unreifer Früchte setzt man Grün mit Unerfahrenheit und Unreife gleich.

③ Alle Menschen wollen ihren Mantel bekommen. Wer sagt was?
Verbinde die Personen mit der passenden wörtlichen Rede.

Kleinkind

Jugendlicher zu Freund

Papa zu Mama

Dame im feinen Restaurant zum Kellner

Wären Sie so freundlich, mir meinen Mantel zu reichen?

Kannst du mir bitte meinen Mantel geben?

Ey, rück mal meinen Mantel rüber!

Mantel haben

S. 47 Sommerhitze

4 In vielen Regionen Deutschlands wird Dialekt gesprochen.
Schreibe diesen schwäbischen Vers auf Hochdeutsch auf.

Jetzt gang i ans Brünnele,
Trink aber net,
Do such i mein herztausige Schatz,
Find'n aber net.

____

____

5 Vergleiche mit einem Partnerkind die Redewendungen.
Was fällt euch auf? Ordnet die Redewendungen ihren Bedeutungen zu.

Russisch:
Слово – серебро, молчание – золото.
Reden ist Silber, Schweigen ist Gold.

Niederländisch:
Blaffende honden bijten niet.
Bellende Hunde beißen nicht.

Französisch:
Avoir un chat dans la gorge.
Einen Frosch im Hals haben.

Englisch:
It's raining cats and dogs.
Es regnet Katzen und Hunde.

Türkisch:
Bugün yarın tavuktan daha iyi bir yumurta.
Besser heute ein Ei als morgen ein Huhn.

Polnisch:
Kłamstwo ma krótkie nogi.
Lügen haben kurze Beine.

1 mit dem zufrieden sein, was man sicher hat, als auf etwas zu hoffen, was man vielleicht nicht bekommt

4 wer am lautesten schimpft, ist meist harmlos

2 heiser sein, nicht reden können

5 es regnet in Strömen

3 manchmal ist es klüger, nichts zu sagen

6 mit Lügen kommt man nicht weit, die Wahrheit kommt meistens heraus

6 Erkläre die Redewendungen. Das Internet kann dir helfen.

ein Herz aus Stein haben	das fünfte Rad am Wagen sein	ein Brett vor dem Kopf haben

Bitten formulieren

① Welche Sätze sind eine höflich formulierte Bitte?
Schreibe nur diese Sätze ab.

Könnte ich bitte noch etwas zu trinken haben?

Durst!

Darf ich noch eine halbe Stunde länger aufbleiben?

Gib endlich her!

Darf ich bitte deinen Ball ausleihen?

Ich will heute noch länger aufbleiben!

② Schreibe zu jedem Bild eine höfliche Bitte auf.

Könnte ich

Darf ich

Bitte

Würdest du

③ Deine Klasse plant einen Ausflug in einen Freizeitpark. Ihr braucht Informationen zu Öffnungszeiten und Eintrittspreisen. Schreibe einen Brief oder eine E-Mail. Wähle die passenden Stichworte.

sehr geehrte Damen und Herren • liebe Frau Leitner
hallo, wir brauchen … • wir planen am … einen …
machen Sie schnell • wären Sie so freundlich
können Sie uns auch mitteilen • wir müssen wissen
mit freundlichen Grüßen • dein Freund

____

____

____

____

____

____

____

④ Finde zu jedem Stichwort die Szene im Bild. Schreibe dazu jeweils eine höfliche Bitte und eine unhöfliche Aufforderung. Formuliere passende Redebegleitsätze.

abgeben • ausleihen • mitspielen • Platz machen • Schuhe zubinden

Einen Vorgang beschreiben

1. An Bächen und Flüssen wurden früher Getreidemühlen betrieben.
Sieh dir die Zeichnung an. Beschrifte sie.
Setze die passenden Fachbegriffe aus der Zeichnung in den Text ein.

~~Wasser~~
Wasserrad
Zahnrad
Getreide
Trichter
Loch
Mahlstein
Mehl

Das Wasser ________ des Bachs treibt das ________ an.

Eine Antriebswelle überträgt die Drehung auf ein ________.

Dieses lenkt die Kraft des Wassers um, weil liegende Mahlsteine

das ________ besser mahlen können.

Aus einem ________ rieselt das Getreide

durch ein ________ im oberen Mahlstein.

Der untere ________ bewegt sich nicht.

Zwischen den beiden Mahlsteinen werden die Körner zerrieben.

Auf diese Weise wird aus dem Korn ________.

(2) Beschreibe, wie diese Eismaschine funktioniert.
Die Stichworte helfen dir.

Flüssigkeit aus Sahne, Milch, Früchten und Zucker

Rührschüssel, die durch Kühlakkus gekühlt wird

Kratzarm dreht sich, vermischt Zutaten

Kratzarm schabt Flüssigkeit ab, damit sie nicht am Rand festfriert

Flüssigkeit gefriert langsam, wird zu cremigem Eis

(3) Suche dir ein Gerät aus. Beschreibe genau, wie es funktioniert.
Oder: Wähle oder erfinde eine eigene Maschine.

- Schreibe kurz und sachlich.
- Verwende Fachbegriffe.
- Beschreibe die Schritte eines Vorgangs genau.
- Achte auf die richtige Reihenfolge.

Balkenwaage

Waschmaschine

Tretboot

Salatschleuder

Diagramme

① In der Altdorfer Schule probierten 389 Kinder und Jugendliche aus, wie eine Wahl funktioniert. Sie wählten die zwanzig Mitglieder für ihre Schülervertretung. Betrachte die Ergebnisse. Male nur die Sprechblasen mit richtigen Aussagen an.

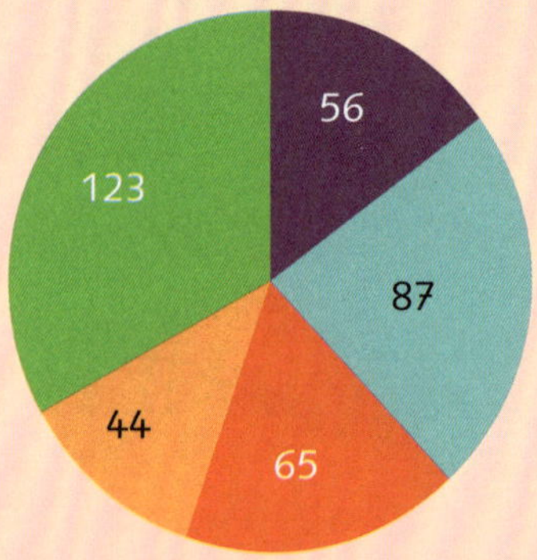

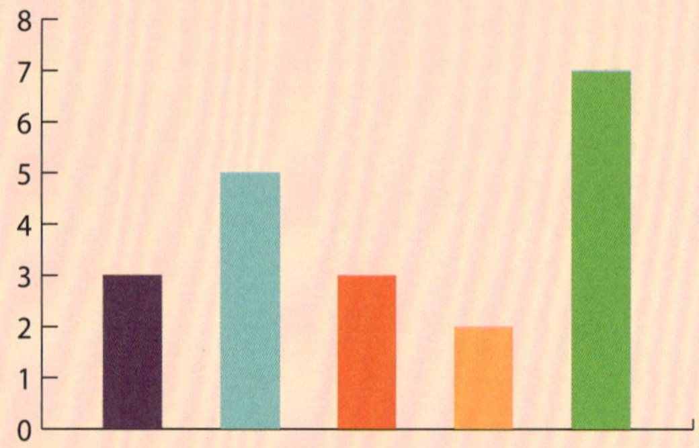

■ Altdorfer Kids ■ Fußballer ■ Naturfreunde ■ Spieler ■ Tierfans

Stimmenanzahl pro Gruppierung

Versammlungsmitglieder pro Gruppierung

② Schreibe zwei eigene richtige Aussagen auf.

S. 25 Freizeit

③ Landtagswahlen finden alle fünf Jahre statt.
Das sind die Ergebnisse der **Landtagswahl 2016 in Baden-Württemberg**.
Alle abgegebenen Stimmen zusammen sind 100 Prozent.
Schreibe Sätze auf, wie die Parteien abgeschnitten haben, zum Beispiel so:
Die FDP bekam 8,3 Prozent der Stimmen.
Die Linke erhielt weniger Stimmen als die Grünen.

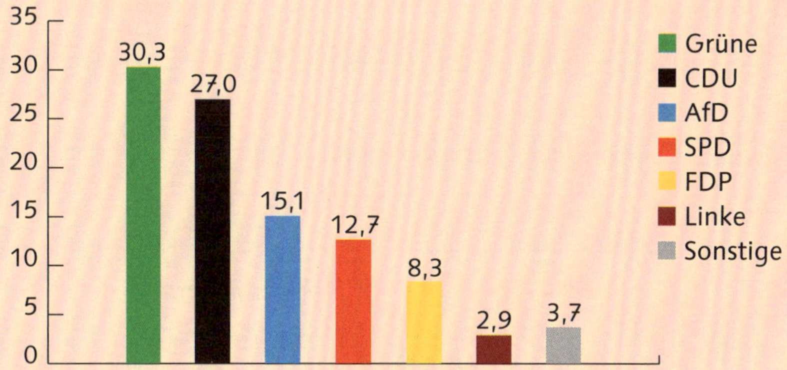

die meisten Stimmen
die wenigsten Stimmen
mehr Stimmen als
weniger Stimmen als

Landtagswahl Baden-Württemberg 2016

④ Im Jahr 2021 fanden wieder **Landtagswahlen in Baden-Württemberg** statt.
Informiere dich über die Wahlergebnisse und notiere sie.
Schreibe damit Sätze wie in Aufgabe 3.

Von Ereignissen berichten

① Suche dir die Sätze aus, die zu den Stichworten passen.
Setze sie zu einem Bericht über das Ereignis zusammen.

Wo? in Heidelberg
Wann? im April 2011
Wer? junger Elefantenbulle Gandhi
Was? fremder Jungelefant aufgenommen

Im Heidelberger Zoo gab es aufregende Tage für die Elefantenpfleger.

Denn im April 2011 gab es ein außergewöhnliches Ereignis.

Die Zuschauer freuten sich über die gelungene Vorführung.

Der fünf Jahre alte Elefantenbulle Gandhi traf aus Kopenhagen ein.

Zum ersten Mal wurde damit in einem europäischen Zoo ein fremder Jungelefant in eine bestehende Gruppe aufgenommen.

Das Löwenbaby hieß Kimba.

Im

Ein Bericht enthält sachliche Angaben:
Wer? Was? Wann? Wo? Wie? Warum?
Er ist immer im Präteritum (1. Vergangenheit) geschrieben.

S. 35 Medien

② Lies die Textteile. Ordne die **W-Fragen** den Textteilen zu. Verbinde.

Wir trafen uns am Tierpark. Als Erstes gingen wir zum Elefantengehege.

Ich hatte mich schon lange auf diesen Tag gefreut, denn ich war mit meinen Großeltern verabredet.

Wer?

Wo?

Wann?

Was?

Dort herrschte große Aufregung, denn die Elefantenmutter rannte unruhig hin und her. Sie suchte ihr Elefantenbaby und trompetete laut. Plötzlich kam der kleine Elefant angerannt. Er hatte sich hinter dem Elefantenhaus versteckt.

Am Montag, den 3. Juni 2022 war zum Glück schönes Wetter.

③ Schreibe die Geschichte in der richtigen Reihenfolge auf.
Unterstreiche die Antworten auf die W-Fragen in verschiedenen Farben.

Am Montag, ______________________________

④ Erinnere dich an ein Ereignis, das du erlebt hast.
Schreibe darüber einen Bericht.

Texte überarbeiten 2

① Lies die Überarbeitungstipps.

Bevor ich einen Text überarbeite, lasse ich ihn einige Zeit liegen und schaue ihn mir dann wieder an.
So fallen mir Stellen, die nicht gut gelungen sind, eher auf.

Ich achte auf abwechslungsreiche Satzanfänge. **W**

Ich tausche bei Wortwiederholungen Wörter aus. **W**

Ich überprüfe, ob ich manche Ausdrücke durch passendere oder bessere Ausdrücke ersetzen kann. **A**

Ich achte auf die Rechtschreibung. **R**

Ich überlege, ob etwas Wichtiges fehlt. Ich ergänze die Stellen, die nicht genau genug beschrieben sind. **A**

Ich vergleiche die Verben: Sie sollen alle in der richtigen Zeitform stehen. **Z**

② Schau dir die Korrekturzeichen an. Unterstreiche die Fehler.
Schreibe die Verbesserungen auf.

Letzten Freitag haben wir uns in der Schule zu

einer Lesnacht getroffen. Unsere Lehrerin hat mit **R** ____________________

uns das Klassenzimmer ausgereumt. Dann hat sie **R** ____________________

mit uns die Schlafplätze eingerichtet. Dann haben wir erst **W** ____________________

mal Spiele in der Turnhalle gemacht. Im Klassenzimmer **A** ____________________

hatten wir Würstchen. Um 22 Uhr mussten wir in die **A** ____________________

Schlafsäcke. Wir dürfen aber noch so lange lesen, **Z** ____________________

wie wir wollten. Ich lese meine Rätselkrimis. Erst um **Z** ____________________

ein Uhr bin ich eingeschlafen. Morgens haben wir alle

gemeinsam gefrüstückt. **R** ____________________

S. 45 Sommerhitze

③ So kann man einen Text verbessern. Lies die Überarbeitungstipps.

Du kannst Sätze umstellen:
Ich gehe heute ins Kaufhaus.
Heute gehe ich ins Kaufhaus.

Du kannst Wörter ersetzen:
... sagte Fridolin.
... rief Fridolin.

Manchmal musst du ganz neue Sätze einfügen.

Du kannst Sätze ergänzen:
Mir gefiel das Gehege der Affen.
Mir gefiel das neue Gehege der Affen, in dem sie viel mehr Platz hatten.

Du kannst wörtliche Rede einfügen.

④ Lies den Text. Wie würdest du den Text überarbeiten?
Wende jeden Tipp aus Aufgabe 3 mindestens einmal an.
Unterstreiche oder markiere die Stellen in den passenden Farben.

Wir gingen gestern ins Schulmuseum.
Wir lernten bei unserem Besuch kennen,
wie die Schule in früheren Zeiten war.
Wir lauschten einem älteren Mann.
Der ältere Mann erzählte uns von früher.
Die Lehrer waren immer sehr streng.
Die Kinder saßen in Holzbänken.
Die Kinder schrieben mit Feder und Tinte.
Oder mit einem Griffel auf einer kleinen Tafel.
Im alten Klassenzimmer hingen alte Bilder
von Tieren und Pflanzen an der Wand.
Wir staunten, dass früher so viele Kinder
in einer einzigen Klasse waren.
Dann gingen wir wieder nach Hause.

⑤ Schreibe den Text mit deinen Überarbeitungen auf.
Lasse immer eine Zeile frei für weitere Veränderungen.

⑥ Vergleicht eure Texte miteinander. Sprecht darüber.

Arbeitsheft S. 70

Zusammenfassungen

① Lies den Text. Findest du heraus, in welchen Gang Joe geflüchtet ist?

Polizeichef Stoller ruft Kommissar Maroni an:
„Joe Motzer ist aus dem Gefängnis abgehauen!
Er ist in Richtung alte Kohlengruben geflüchtet.
Können Sie mit Ihrem Hund die Fährte aufnehmen?"
Kurz danach ist Maroni mit seinem Hund Schnüff auf dem Weg zur alten Kohlengrube. Unterwegs hat Joe Motzer seine gestreifte Sträflingsmütze verloren.

Schnüff riecht kurz daran, dann nimmt er Joes Fährte auf.
Die Spur führt tatsächlich direkt zur Grube. Maroni und Schnüff zwängen sich durch die schwere, halb geöffnete Eisentür. Sie stehen in der stillgelegten Grube. „Ein richtiges Labyrinth!", murmelt Maroni. „Joe muss in einen dieser Stollen geflüchtet sein. Los, Schnüff! Zeig mir den Weg." Der Hund kläfft freudig und beginnt bei jedem Stolleneingang, nach Joes Fährte zu schnüffeln.
Aber erfolglos, er kann sie nicht finden. Mit eingezogenem Schwanz kehrt er zu Maroni zurück. Doch der lächelt nur: „Ist schon klar, Schnüff. Ich weiß, in welchen Stollen Joe geflüchtet ist."

Jürg Obrist

Lösung: ______________________________

____

____

② Wähle die beste Zusammenfassung und schreibe sie ab.
Die blauen Textteile helfen dir.

- ☐ Maroni ist mit Polizeichef Stoller sehr gut befreundet. Deshalb hilft ihm Maroni mit seinem Hund Schnüff gerne bei der Arbeit. Dieses Mal wollen sie einen entlaufenen Sträfling fangen. Schon nach kurzer Zeit haben sie ihn gefunden. Stoller übergibt Maroni eine Ehrenmedaille.
- ☐ Maroni hilft Polizeichef Stoller, einen entlaufenen Sträfling zu fangen. Er findet dessen Mütze und nimmt mit seinem Hund Schnüff die Verfolgung auf. In der alten Kohlengrube verliert Schnüff die Spur.
- ☐ Kommissar Maroni ermittelt wieder einmal in einem schwierigen Fall. Er sucht verschwundene Diamanten und reist dafür mit seinem Hund Schnüff sogar nach Amerika. Leider ohne Erfolg.

S. 56 Ich liebe Bücher

③ Lies den Text. Was hat Sergeant Miller entdeckt?

Es ist ein nebliger Abend in London. Sergeant Miller und sein Kollege Sergeant Woods sind in ihrem Revier unterwegs. Sie sollen ein Auge auf die Juwelierläden und Uhrengeschäfte haben, denn in der letzten Zeit ist es zu mehreren Einbrüchen gekommen. Plötzlich hören sie ein leises Klirren. Was ist los? Sie rennen um die Ecke und sehen das rote Licht einer Alarmanlage leuchten. Ein Mann im Anzug und eine Frau kommen auf sie zu. Die beiden gehören offensichtlich nicht zusammen. „Bleiben Sie stehen!", befiehlt Woods. „Was haben Sie bei dem Laden gesehen, bei dem jetzt die Alarmanlage blinkt?"
„Also hören Sie!", beschwert sich der Mann. „Ich muss dringend nach Hause und habe gar nichts mitbekommen."
Die Frau meint: „Da hat wohl jemand das Schaufenster eingeschlagen. Ich weiß aber nicht, wer das war. Mich interessieren diese Geschäfte auch nicht!" Sergeant Miller betrachtet die beiden genau.
Keiner hat eine Tasche dabei. Dann fragt er:
„Ach, sagen Sie, wie spät ist es denn jetzt genau?"
Der Mann und die Frau sehen auf ihre Armbanduhren.
Darauf sagt Miller: „Meine Dame, Sie sind festgenommen!
Ihnen, mein Herr, wünsche ich einen guten Nachhauseweg."

④ Fasse den Text kurz zusammen. Die blauen Markierungen helfen dir.

____

____

____

____

____

____

____

⑤ Suche dir selbst einen Text, zum Beispiel aus einem Lesebuch. Schreibe eine Zusammenfassung.

Knobelspaß mit Jojo

① Welchen Wortwert hat dein Name?

A	B	C	D	E	…
1	2	3	4	5	…

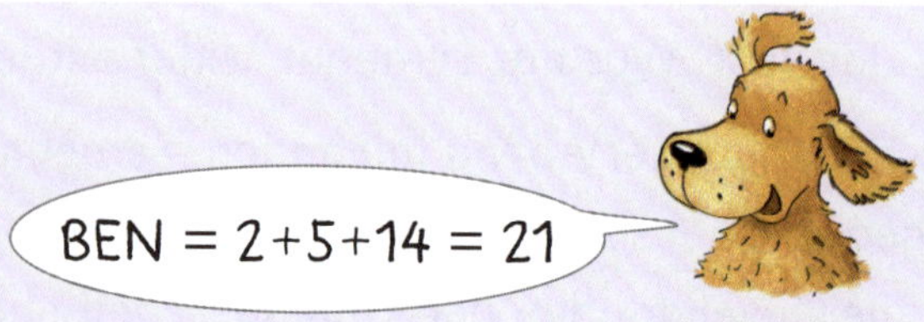

B E N Dieser Name hat den Wortwert: 21.

H A N N A Dieser Name hat den Wortwert: 8 + 1 + 14 + 14 + 1 = ________.

Mein Name hat den Wortwert ______________________ = ________.

Ermittle die Wortwerte von anderen Namen, die du kennst. Schreibe die Namen und die Wortwerte vertauscht auf. Lass andere Kinder überlegen, welcher Name zu welchem Wortwert gehören könnte.

Wortwert	Name
6	Henri
70	Xaver
54	Ada

② Wortverwandlung: Tausche in jeder Zeile einen Buchstaben so aus, dass ein neues sinnvolles Wort entsteht und du zu dem Zielwort kommst.

W	A	N	D
W	A	L	D
W	I	L	D
B	I	L	D

H	U	N	D
S	A	N	D

R	O	S	E
N	A	S	E

M	A	U	S
H	A	L	T

R	A	S	T
D	O	S	E

B	A	N	K
R	U	N	D

③ Die roten Wörter stehen an der falschen Stelle. Tausche sie so, dass der Text einen Sinn ergibt. Schreibe ihn auf.

In der neuen Schule war es sehr schön.
Die beste Freundin hatte immer Zeit für mich.
Aber in der Grundschule wird es sicher auch gut.
Denn meine Lehrerin geht auch mit.

____

____

____

____

④ Setze die Nomen so ein, dass zwei sinnvolle zusammengesetzte Nomen entstehen.
Die nummerierten Buchstaben ergeben das Lösungswort.

PLATZ • BLOCK • BLITZ • SITZ • ROCK • DRUCK • BROT

KUGEL ☐ ☐ ☐ ☐(3) ☐ LICHT

FENSTER ☐(5) ☐ ☐ ☐ ☐ KARTE

MAL ☐ ☐ ☐ ☐ ☐(2) HAUS

HÄNDE ☐ ☐ ☐(6) ☐ ☐ BUCHSTABEN

BUTTER ☐ ☐ ☐(1) ☐ DOSE

AUTO ☐(7) ☐ ☐ ☐ KISSEN

SOMMER ☐ ☐(4) ☐ ☐ ZIPFEL

Lösungswort

1	2	3	4	5	6	7

(5) Bekannt ist dieses Spiel unter dem Namen **Stadt – Land – Fluss**.
Hier könnt ihr es einmal mit anderen Kategorien spielen.

- Suche dir mindestens zwei andere Kinder.
  Setzt euch so, dass ihr nicht voneinander abschreiben könnt.
- Ein Kind sagt in Gedanken – ohne zu sprechen – das ABC auf.
  Nach einiger Zeit sagt ein anderes Kind „Stopp".
  Der Buchstabe, der zuletzt gedacht wurde, wird laut genannt.
- Jeder Mitspieler schreibt den Buchstaben in die erste Spalte.
  Nun geht es darum, so schnell wie möglich passende
  Wörter in die Spalten der Tabelle zu schreiben.
- Wer zuerst fertig ist, ruft „Schluss".
  Sofort müssen alle aufhören zu schreiben.
  Jeder Spieler sagt, was er aufgeschrieben hat.
- Punkteverteilung:
  5 Punkte für Wörter, die auch noch andere Mitspieler gefunden haben.
  10 Punkte für Wörter, die kein anderer Mitspieler gefunden hat.
  20 Punkte, wenn kein anderer ein Wort in dieser Spalte gefunden hat.
  Wer hat zum Schluss die meisten Punkte?

	Nomen	Verb	Adjektiv	Zusammengesetztes Nomen	Wort mit Doppelkonsonant	Punkte
B	Berg	baden	bunt	Buntstift	Butter	

⑥ Diese Rätselform heißt Sudoku. Meistens sieht man es mit Zahlen.
Hier kannst du zwei Buchstaben-Sudokus lösen.

- Jeder Buchstabe muss in jeder Zeile (waagerecht) einmal vorkommen.
- Jeder Buchstabe muss in jeder Spalte (senkrecht) einmal vorkommen.
- Jeder Buchstabe muss in jedem 6er-Feld einmal vorkommen.

Sudoku: A bis F

E	B	A	C		
C					
D		E	B		C
B		C	D		F
					B
		B	F	D	

Sudoku: U bis Z

U		V			
	Y		Z		U
X					
Y	V		U	X	W
Z	X	Y	W	U	
	U	W			Y

⑦ Welches Nomen ergibt mit den Wörtern zusammen ein sinnvolles Wort?
Finde immer noch ein eigenes Wort, das zu dem gesuchten Nomen passt.

Getränk ☐☐☐

BEUTEL
KANNE
TASSE
LÖFFEL

____

Unterrichtsfach ☐☐☐☐☐

STUNDE
LEHRER
FEST
PLATZ

____

Gericht ☐☐☐☐☐

TEIG
OFEN
BELAG
BROT

____

Tier ☐☐☐☐☐

FUTTER
KÄFIG
NEST
EI

____

8. Welcher Satz passt zu welcher Redensart?
Verbinde und finde das Lösungswort.

H Jemandem etwas anvertrauen.

R Man ist erleichtert.

B Etwas macht einen sehr traurig.

U Sich überwinden.

Z Es fällt einem ein Stein vom Herzen.

T Seinem Herzen einen Stoß geben.

L Etwas bricht einem das Herz.

E Jemandem sein Herz ausschütten.

Etwas mit Leidenschaft tun:

Etwas mit ________ tun.

9. Redewendungen sind bildhafte Ausdrücke.

- Spielt eine Redewendung als Pantomime vor.
- Malt verschiedene Redewendungen.
  Die anderen Kinder raten, welche gemeint sind.

Gegen den Strom schwimmen.

Hinter die Ohren schreiben.

Geld aus dem Fenster werfen.

Mit dem Kopf durch die Wand wollen.

Jemanden übers Ohr hauen.

Ein blindes Huhn findet auch mal ein Korn.

Wenn zwei sich streiten, freut sich der Dritte.

Unter einer Decke stecken.

Ein Auge zudrücken.

Jemanden an der Nase herumführen.

In den sauren Apfel beißen.

Jemandem geht ein Licht auf.

(10) Löse das Kreuzworträtsel. Finde die Lösung.

–	Personalpronomen	–	nicht offen	–	Tageszeit	–	Mutter und Vater	–
letzter Monat im Jahr					7			
–		nicht an					4	–
–	gemahlenes Getreide			Farbe		2		–
Gegenteil von feige			10		5	die Henne legt es		
Personalpronomen				großer Vogel				–
–	9	Obst				8		
–	3	Körperteile				Bild		–
–	süß und kalt	A	du atmest es				1	–
Planet	6						Wortbaustein	–
Wort für „in dem"					Gegenteil von Nacht			
Gewässer				–	kleines Merkwort			–

Lösung:

1	2	3	4		5	6	7	8	C	9	10	!

Wichtige Fachbegriffe

		Seite
Nomen	Nomen bezeichnen Menschen, Tiere, Pflanzen und Dinge. Nomen haben die Artikel der, die, das, ein, eine. Nomen können in der Einzahl und in der Mehrzahl stehen: der Tisch – die Tische, die Tafel – die Tafeln, das Heft – die Hefte.	Heft A 7
Fälle des Nomens	Nomen können in vier Fällen stehen. Man findet sie durch Fragen: 1. Fall, Nominativ: der Vogel *Wer oder was …?* 2. Fall, Genitiv: des Vogels *Wessen …?* 3. Fall, Dativ: dem Vogel *Wem …?* 4. Fall, Akkusativ: den Vogel *Wen …?*	Heft A 33–35, 82
Pronomen	Nomen kann man durch Pronomen ersetzen: Maria – sie, Tim – er, Maria und ich – wir.	Heft A 7
Verben	Wörter, die sagen, was jemand tut oder was geschieht, nennt man Verben: wehen, strömen, ruhen.	Heft A 8, 76
Grundform und Personalform	Verben haben eine Grundform: ziehen. Verben haben verschiedene Personalformen: ich ziehe, du ziehst, er/sie/es zieht, wir ziehen, ihr zieht, sie ziehen.	Heft A 8, 76
Gegenwart und Vergangenheit	Verben können in verschiedenen Zeitstufen stehen: Präsens: Heute wohnt Lena in einem Dorf. Futur: Später wird sie in einer Stadt wohnen. Präteritum: Lenas Uropa arbeitete als Schmied. für aufgeschriebene Vergangenheit Perfekt: Gestern hat Papa ein Gitter verziert. für erzählte Vergangenheit	Heft A 43–46, 84
Adjektive	Adjektive beschreiben, wie etwas oder jemand ist. Wenn Adjektive vor Nomen stehen, verändern sie sich: Das Brot ist frisch – das frische Brot.	Heft A 8, 76

		Seite
Vergleichsstufen	Mit Adjektiven kann man vergleichen: Grundstufe: Der Wasserfrosch ist klein. 1. Vergleichsstufe: Der Grasfrosch ist kleiner. 2. Vergleichsstufe: Der Laubfrosch ist am kleinsten.	Heft B 7, 72
Satzarten	Nach Aussagesätzen steht ein Punkt: Die Kinder spielen Ball. Nach Fragesätzen steht ein Fragezeichen: Spielst du mit? Nach Aufforderungssätzen steht ein Ausrufezeichen: Au ja!	
Satzglieder	Ein Satz besteht aus mehreren Satzgliedern. Ein Satzglied kann ein Wort oder mehrere Wörter haben. Satzglieder kann man vertauschen: Ich spiele heute mit Anna. Heute spiele ich mit Anna.	
Subjekt und Prädikat	Subjekt und Prädikat sind Satzglieder. Mit der Frage *Wer oder was ...?* findet man das Subjekt. Mit *Was geschieht?* oder *Was tut ...?* findet man das Prädikat. Das Prädikat kann aus zwei Teilen bestehen: Achmet liest im Waldlexikon. Wir räumen den Wald auf.	Heft A 23, 53, 80
Objekt	Ein Satz kann ein oder mehrere Objekte haben. Mit der Frage *Wem ...?* findet man das Dativobjekt. Mit *Wen oder was ...?* findet man das Akkusativobjekt. Die Lehrerin erklärt den Kindern die Aufgabe.	Heft A 53–55, 86
Wörtliche Rede und Redebegleitsatz	Was gesprochen wird, heißt wörtliche Rede. Sie steht in Redezeichen. Redebegleitsätze geben an, wer spricht. Sie stehen vor, in oder nach der wörtlichen Rede: Simon ruft: „Oh ja, ich wünsche mir ein neues Fahrrad." „Oh ja", ruft Simon, „ich wünsche mir ein neues Fahrrad." „Oh ja, ich wünsche mir ein neues Fahrrad", ruft Simon.	Heft B 18, 74

Lernzusammenhänge

Kapitel	Sprechen und zuhören	Lesen – mit Texten und Medien umgehen	Schreiben (Texte verfassen)
Tieren auf der Spur S. 4–13	funktionsangemessen sprechen: Sachverhalte beschreiben; Fachbegriffe benutzen; Informationen in Medien suchen (4)	Arbeitsanweisungen lesen und verstehen (4–13); Informationen in unterschiedlichen Medien suchen (4); Unterschiede und Gemeinsamkeiten von Texten finden (6); Texte genau lesen: Adjektive finden (7), Konsonanten und Vokale sinnvoll einsetzen (8); eigene Gedanken zu Texten entwickeln (10)	Verhaltensregeln am Teich besprechen und aufschreiben (5); E-Mails mit der Bitte um Informationsmaterial beurteilen und verfassen (6) **Texte verfassen** (82), AH (62)
Frühlings-duft S. 14–23	Fahrräder und die Funktion von Fahrradteilen beschreiben; funktionsangemessen sprechen: informieren, Fachbegriffe benutzen (14)	Arbeitsanweisungen lesen und verstehen (14–23); Sachtexte lesen und verstehen, in Texten gezielt Informationen finden (15/16); Dialoge vortragen (17); Texte genau lesen: Wortfamilien finden (20/21)	mithilfe von Textvorgaben Funktionsweisen von Fahrradtechnik beschreiben; Handbremse und Dynamo (15) **Texte verfassen** (84), AH (52)
Freizeit S. 24–33	eigene Meinung zu unterschiedlichen Freizeitangeboten formulieren; über die Wirkung sprachlicher und gestalterischer Merkmale sprechen; sich über die Freizeitgestaltung austauschen (24)	Arbeitsanweisungen lesen und verstehen (24–33); Sach- und Gebrauchstexte kennen: Diagramme (25/26); Texte genau lesen: Merkwörter einsetzen (31)	einem Diagramm Informationen entnehmen; eine Umfrage machen: eigene Meinung äußern und zu anderen Meinungen Stellung nehmen (25/26) **Texte verfassen** (86), AH (66)
Medien S. 34–43	diskutieren: eigene Meinung und Ideen zum Projekt Klassenzeitung einbringen, die Beiträge anderer aufgreifen; eine gemeinsame Planung erarbeiten (34)	Arbeitsanweisungen lesen und verstehen (34–43); Texte genau lesen: passende Angaben auswählen (35); Nomen mit Wortbausteinen finden (39/40); Wörter mit β finden (41)	einen Text auf Orts- und Zeitangaben hin untersuchen; Merkmale der Textsorte Bericht kennenlernen (35); einen eigenen Bericht schreiben (36); über Ideen sprechen; Wortbedeutungen erklären; eine Ideensammlung zu einem Vorhaben anlegen; ein Interview vorbereiten und durchführen (37/38) **Texte verfassen** (88), AH (54)
Sommer-hitze S. 44–53	funktionsangemessen sprechen: zu Bildern erzählen; sich über Sommerbräuche und Feste informieren und austauschen (44)	Arbeitsanweisungen lesen und verstehen (44–53); genau lesen: Lückenwörter ergänzen (50)	einfache Korrekturzeichen kennenlernen; Hinweise zur Überarbeitung entwickeln, beurteilen und umsetzen; Text in einer Schreibkonferenz untersuchen (45/46) **Texte verfassen** (90), AH (70)
Ich liebe Bücher S. 54–61	Vermutungen zu Buchinhalten äußern; sich über Leseaktionen austauschen (54); Fachbegriffe zum Buch markieren; über Faktoren bei der Buchauswahl sprechen; eigene Vorgehensweisen beschreiben (55)	Arbeitsanweisungen lesen und verstehen (54–61); Informationen in unterschiedlichen Medien suchen, die eigene Leseerfahrung beschreiben (55); Kriterien für einen Textabschnitt bestimmen; einen passenden Textabschnitt auswählen und die Auswahl begründen (57); eine Buchvorstellung vorbereiten (58–61)	Informationen zu einer Autorin und zum Buch; Kriterien für eine Zusammenfassung kennenlernen und einen Text daraufhin prüfen (56) **Texte verfassen** (92), AH (64)

Sprache und Sprachgebrauch untersuchen	Schreiben (Richtig schreiben)
Funktion von Adjektiven in Texten untersuchen; Adjektive nach Vergleichsstufen ordnen; Textverständnis überprüfen (7); die Fachbegriffe „Vokal“ und „Konsonant“ kennenlernen und festigen; Vokale und Konsonanten in Lückentexte einsetzen (8); Vokallänge in Wörtern abhören und unterscheiden (9) **Sprache untersuchen** (72), AH (34)	über Rettungsaktionen für Kröten sprechen; Merkstellen in Merkwörtern markieren; Wörter den Rechtschreibstrategien zuordnen (10/11) **Richtig schreiben** (62), AH (22)
Gespräch mit verteilten Rollen lesen; Verben aus dem Wortfeld „sprechen“ auswählen und einsetzen; Wörter den Wortfeldern „essen“ und „gehen“ zuordnen (17); verschiedene Stellungen des Redebegleitsatzes kennenlernen und im Textzusammenhang anwenden; Anführungszeichen richtig setzen (18/19) **Sprache untersuchen** (74), AH (42)	Wörter einzelner Wortfamilien finden und ordnen; Wortfamilien selbstständig zusammenstellen; eigene Sätze schreiben (20) **Richtig schreiben** (64), AH (18)
Besonderheiten von Werbeanzeigen untersuchen; typische Werbewörter (z. B. aus dem Englischen) sammeln; Werbung und Information unterscheiden (27); eine eigene Werbung entwerfen (28); aus einer Wörtersammlung Adjektive auswählen und Werbeprodukten zuordnen; Adjektive mit den Wortbausteinen -lich, -ig, -isch, -los bilden; Adjektive in Lückentext einsetzen (29/30) **Sprache untersuchen** (76), AH (44)	Lückentext: nach semantischen Kriterien das richtige Merkwort auswählen; passende Satzteile finden (31) **Richtig schreiben** (66), AH (14)
Bildung von Nomen mit den Wortbausteinen -heit , -keit, -ung und -nis; Verdoppelung s bei der Pluralbildung erkennen; Anwendung der Großschreibung bei abgeleiteten Nomen (39/40) **Sprache untersuchen** (78), AH (30)	einen Bericht über den Weltkindertag lesen; Wörter mit ß finden; ß-Wörter nach Wortfamilien ordnen (41) **Richtig schreiben** (68), AH (16)
Redewendungen vom Feuer in Text und Bild erklären; englische und deutsche Redewendungen vergleichen; Redewendungen in Mundart lesen und erklären (47); ein Gedicht lesen und über sprachliche Mittel sprechen; lautmalerische Worte und Personalisierung des Feuers erkennen; einen Text sprechend gestalten und vortragen (48/49) **Sprache untersuchen** (80), AH (46)	Wörter mit eu, ä und äu üben; Rechtschreibhilfen für die Schreibung mit Umlaut erproben; Wörter einer Wortfamilie bilden (50); Wörter den Rechtschreibstrategien zuordnen (51) **Richtig schreiben** (70), AH (24)

Jo-Jo

Sprachbuch 4

zum Hineinschreiben

Teil B

Erarbeitet von Frido Brunold, Susanne Mansour, Sandra Meeh, Henriette Naumann-Harms, Monika Praast
auf Basis der Ausgabe **Jo-Jo Sprachbuch 4**
erarbeitet von Frido Brunold, Susanne Mansour, Sandra Meeh, Henriette Naumann-Harms, Rita Stanzel, Monika Praast, Martin Wörner

Fachliche Beratung zur Silbenstrategie Günter J. Renk

Redaktion Gabriela Korup

Illustrationen Gabriela Silveira (Themenkapitel), Axel Nicolai (in Anlehnung an die Illustrationen von Gabriela Silveira: S. 2 Libelle, Frosch, 4 Libelle, 5, 12 Frosch, 15, 16, 17, 22, 24, 27, 29 Sitzsack, 34, 37, 38, 39, 44, 47, 48, 54, 58 Leserolle), Hendrik Kranenberg S. 27 (Plakat Bikes, Radio), Vera Schmidt (Kurse, Beileger), Imke Sönnichsen (Hund Jojo), Gabriele Heinisch (Kapitelvignetten, Piktogramme Übungsstrategien)

Umschlagillustration Barbara Jung

Gesamtgestaltung und technische Umsetzung Heike Börner

www.cornelsen.de

1. Auflage, 1. Druck 2022

Alle Drucke dieser Auflage sind inhaltlich unverändert und können im Unterricht nebeneinander verwendet werden.

Druck: Druck: AZ Druck und Datentechnik GmbH, Kempten

ISBN 978-3-06-084634-4

Dieses Heft ist Bestandteil des Pakets Jo-Jo Sprachbuch 4 zum Hineinschreiben und nicht einzeln erhältlich.

ISBN 978-3-06-081061-1 Jo-Jo Sprachbuch 4 FRESCH-Karte im 10er-Pack
ISBN 978-3-06-081060-4 Jo-Jo Sprachbuch 4 Lernspurenheft im 10er-Pack

PEFC zertifiziert
Dieses Produkt stammt aus nachhaltig bewirtschafteten Wäldern und kontrollierten Quellen.
www.pefc.de
PEFC/04-31-1033